我們的
舊課本

劉智聰 著

非凡出版

緣起

我不是歷史學者或專家，我這個業餘人士，當初不自量力地，竟然大膽答應了出版社，撰寫一本關於多年以來自己收集回來的舊課本或校園舊物品的書，一切只因我對香港有着深厚的感情。

我屬於土生土長的七十後，在一個欣欣向榮一切向好的大時代下成長。我的家在長洲，小時候每天也乘搭渡海小輪前往中環再轉乘剛啟用不久的地鐵港島線上學。從小學至中學階段，我親眼見證着以中環為核心以至整個香港，乘着經濟起飛，五年一小變、十年一大變，急促的發展令這個城市不斷塑造出新的面貌。

隨後筆者有機會前往英國深造，適逢九七回歸，還記得那段時間每個香港人或多或少帶有一種前途未卜的心態而採取觀望態度去生活，當中也不乏有能力之士移民他方另覓出路。那時候的我，選擇了回歸前的最後一夜離開香港，前

往英國升學。航班從九龍城啟德機場的夜空起飛，當我再次回到香港時，飛機已經在赤鱲角新機場降落。這段求學旅程中，我一直不斷思考自己的身份，我才發現我真的熱愛這片土地，同時也想盡快回來香港生活，所以畢業時也沒有參加畢業展覽便回來了。

這些年來，我對香港的形容是：「一個挑戰我們回憶的地方」。回想起來，這趟求學之旅或許引發了我回港工作後，認真思考可以用甚麼樣的方式來回應這個我生活的地方，所以，從早年開始，我一直在有限的工餘時間裏，遊走於各區，為很多正在消失的事物進行攝影創作，以至近年創辦舊課本網上社交群組，以及於灣仔富德樓開設「舊課本展示館」這個實體展示空間。

一路走來，這本書得以面世就似是理所當然；當然，也非常感謝非凡出版的梁卓倫先生給予機會。

收集舊課本之樂趣

收集懷舊物品一直是近年非常流行的潮流，自回歸以降更是沒有減退跡象，很多志同道合的人士，都在收集屬於各自童年時代的物品，以緬懷或補償昔日之情。

收集舊東西的過程，往往要講緣份，也得靠一點運氣，收集地點可以是舊區地攤、天光墟、回收站、二手店、拆樓地盤、垃圾站、網上拍賣等等不能盡錄的途徑，又可能是在沒有任何準備的情況下，或者是工作途中，甚或只是路過……，就遇上了「它」。這種隨時在生活中以不同方式遇上並有機會將心頭好收集回家的方式，與專程上街走進百貨商場購物的經驗很不一樣。

為甚麼會是校園物品？

早年我在公餘時間都在民間尋寶，在最初的收集舊物過程中，總是被無數的舊東西吸引住，並用上「任何舊物都不想錯過」的心態對待，結果弄來一屋雜亂無章的舊東西。好幾年後，適逢個人攝影創作方面有少許突破——舉辦人生首次展覽，思前想後，我發現以校園為題作為自己首次攝影展覽也不錯，於是我把數年來到訪香港不同角落拍下的荒廢學校照片，都放進那一次的展覽。我從那個時候起，就想到學校是每個人人生第一次遇上各式各樣的喜悅、教訓和知識等等的地方，我們沒有人能夠避開這個既重要而又有意義的場所。

從那次展覽後，我一直對於這個主題念念不忘，也影響了及後的攝影主題——繼續探索校園。另一方面，我收集舊物的念頭，也慢慢轉向從舊課本出發了。

以為可以省下不少空間，誰知道往後的日子也積少成山滿屋為患，結果還得放進了工廠大廈的倉庫才容得下，可幸的是，我終歸發現自己真的很喜歡拿起兒

位於灣仔富德樓的「舊課本展示館」近貌。

童時代的舊課本的感覺。經過多年辛勞收集後，依然與趣不減，相信這條收集之路還可以繼續走下去。

舊課本讀未完

當然，我沒有可能所有舊課本都曾經讀過或使用過。回憶大概都是零碎和非線性的，而且我對影像又比較敏感，很多時大部分舊課本都屬於似曾相識其實卻未曾擁有過。到這些一本又一本的舊課本來到我手上，才是首次讓我真正去接觸和認識。今天的我不再是為了考試而讀這些課本，所以心情輕鬆自在，每次細讀時，常有不同的新發現和新亮點，讓我感到能夠再次和已經消失了的香港走近多一步，尋找舊物的過程也越發樂趣無窮。

近幾十年香港社會高速發展，眼見城市中不少具歷史價值的文化古蹟以至生活痕跡等，無聲無息地不斷消失，有關舊香港主題的活動蔚然成風。不單是參與研究的學者專家或民間的有心人士，也有不少本地民眾熱烈支持。在城市發展過程中，反映社會各種面貌的課本或教材更迭變遷是必然趨勢，不同年代的教育物品和工具，正正剪影了香港歷史的重要部分。

是次出版目的，主要是展示昔日校園物品。曾幾何時不少學生都在讀同一個系列的課本，對於他們而言，重遇這些舊課本就如看見老朋友一樣，昔日的回憶湧上心頭。還記得當年我們都因應考試，努力記下課本內容，考試過後，往往已經對課文內容印象模糊了。轉眼間離開校園數十載，難得地今天的我們能夠再次欣賞和細味每一頁似曾相識的插圖和文字，去繼續閱讀一本本還未讀完的舊課本。

另一方面，課本是知識的載體，承載着

「啟蒙」的重大任務，在每個孩子的成長中擔當重要角色。這些課本一方面要照顧着兒童心理和學習能力，又要適應現代生活的思維，也要能夠配合當時香港教育司署（教育局前身）所制定的課程綱要；不同出版社的編撰各具特色，課本中加入導向正確的文字、豐富精美的插畫或寫實傳真的圖片，由淺入深、圖文並茂，在班房中協助老師傳播知識和描繪生活。上好的課本，內容應當包括思想性、知識性、趣味性，共冶一爐，務求在嚴肅的教育中加添點滴學習樂趣。在本書中，將展示不同年代幼稚園和小學的課本內容，把讀者帶回到人生學習的最初階段。我常常感到驚訝的是，這些利用油墨印刷在紙上，作為啟蒙和傳播知識的載體，正正塑造了我們一代又一代的香港人。

當然，在我非常有限的舊物中，只能呈現過去校園生活的一鱗半爪，但本人相信，梳理昔日的回憶以及各種生活歷史故事這個有趣而巨大的工程，總會有一班熱愛香港的有心人士願意以不同形式去參與、發掘、研究、分享和記錄下來，從而感染身邊更多民眾，珍惜我們生活的城市的歷史。

在這收集舊東西和發現生活的旅程上，從來都不寂寞。

目錄

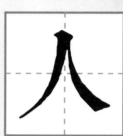

CHAPTER 1

學 做 人

品德

三歲定八十。當孩子還是處於無知的時候,就要用他明白的方式,教導他養成良好品德。《易經》說:「蒙以養正。」一本本的幼兒課本,最重要的作用正是培育一個個的好孩子。

百年前的舊課本

在我眾多舊課本的收藏中，最有歷史價值的相信就是以下這本百多年前的教科書。這本《訂正女子修身教科書》，顧名思義是編寫給女子使用。一九一三年，正是辛亥革命以後不久的日子，儘管已經推翻了滿清，時局仍然非常混亂。這本女性專屬的課本，難得地看到當時的教育也照顧到女性，讓她們讀書寫字、提升社會地位。

雖然男女一起入學讀書的情況要普及起來，後來還是走了非常長的路，不過千里之行始於足下，這些前人種下的種子絕對是意義非凡、任重道遠。

《訂正女子修身教科書》第三冊（中華民國初等小學用）

❋ 出版：上海商務印書館出版
❋ 版次：中華民國二年（1913年）九月十版
❋ 定價：大洋捌分

父母有事 盡力助之

不論課本是給男孩還是女孩讀，學做人總是永恆的課題。

「父母有事，盡力助之」、「他人之物，我不可取」，字字有力，毋用多言，配上生動的插圖，「孝順」的道理、「不苟取」的道理，立時明白。做人，本該如此。

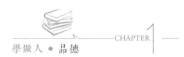
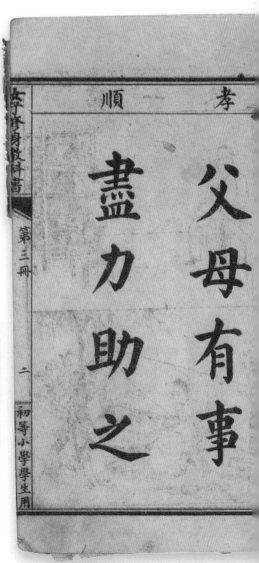

《訂正女子修身教科書》第三冊（中華民國初等小學用）

❋ 出版：上海商務印書館出版
❋ 版次：中華民國二年（1913年）九月十版
❋ 定價：大洋捌分

敬師與踐約

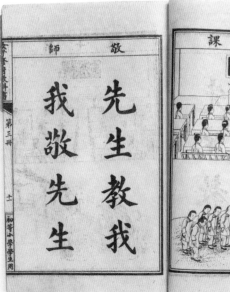

尊敬老師是學生進入校園的首要學習課題之一，即使是百多年前的幼兒教科書亦有這類課文；從插畫的角度欣賞，則可以見到民初時代女性的衣着服飾，以及留有長長的辮子。

「與人約，雖遇風雨，不可不往」，正正是實踐諾言的表現。如果一遇風雨就躲在家裏，孩子就不會有所歷練，也不會明白承諾的重量了。

《訂正女子修身教科書》第三冊（中華民國初等小學用）

※ 出版：上海商務印書館出版
※ 版次：中華民國二年（1913年）九月十版
※ 定價：大洋捌分

十三課

踐三約

女子修身教科書　第三冊　十四　初等小學學生用

與人約

雖遇風雨

不可不往

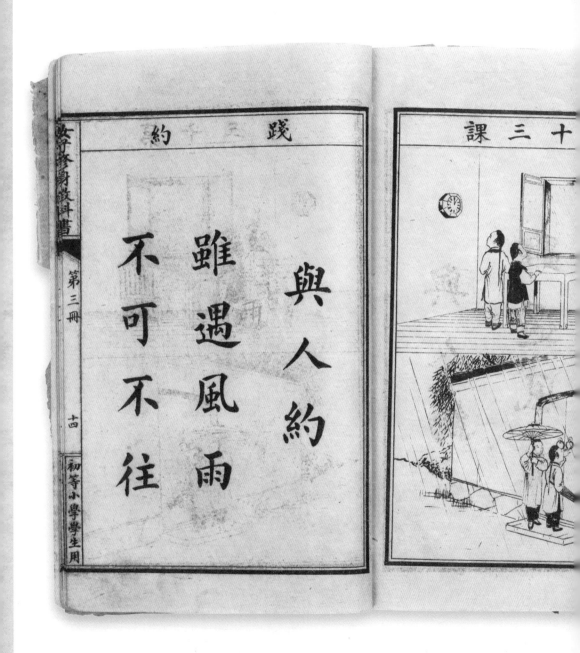

4

三字經

《三字經》、《千字文》、《幼學詩》等，都是過往每位幼童於啟蒙階段時的必讀經典，即使長大成人後，他們仍會清楚記得，琅琅上口。從古到今，不同出版社或書局也有印刷這些「經典」出售，以兩本《訓蒙三字經》為例，香港西利書店及陳湘記都在封面註明「遵依國子監原本」，可能因為這原因，二書內文排版是一模一樣的。到了今天，我們仍然能夠在老牌書局找到一些新近印製好的「經典」的蹤影，而且還會把三部經典合併裝釘成一本。

《訓蒙三字經》（初等小學讀本）

✳ 出版：陳湘記
✳ 版次：不詳

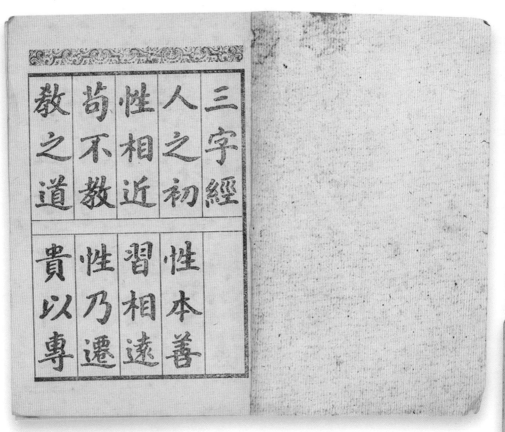

《訓蒙三字經》（初等小學讀本）

※ 出版：香港西利書店
※ 版次：不詳

5

幼學詩

天子重賢豪
　解註　天子皇帝之尊稱重敬重賢有德者豪有才者

文章教爾曹
　解註　文文字章章法教教訓爾曹指讀書人者

萬般皆下品
　解註　萬十千般樣也皆俱佳下下等品品級萬樣生涯唔係皇帝所敬重都算為下等品品級

惟有讀書高
　解註　惟獨也讀讀書也獨有讀書之士名在農工商賈之上其身份至高

幼小須勤學
　解註　幼少年小小子須要也勤勤力學學習凡少年小子即要勤力為學讀書

文章可立身
　解註　文文字章章法可可以立成立身本身若能作文章法即可以成立本身功名

這本標明「白話註解」的《幼學詩》，因欠版權頁，未能知悉其出版年份，但其註解所用的白話令人意外地生動活潑，以「萬般皆下品，惟有讀書高」兩句為例：「萬樣生涯唔係皇帝所敬重都算為下等品級，獨有讀書之士名在農工商賈之上其身份至高」。

我們的舊課本

峯巒隨處改
行客不知名
九日龍山飲
黃花笑逐臣
醉看風落帽
舞愛月留人

一日今年始
一年前事空
凄涼百年事
應與百年同

（各句下附「註」「解」）

《白話註解幼學詩》

※ 出版：香港錦華出版社
※ 版次：不詳

6

太陽出來了

在這本一九七三年版本的《新編幼稚常識》中，可以看見太陽出來了的畫面。很多時候這個畫面都會配合一張公雞啼叫的場景。

這個早年新界鄉郊才有的生活經驗，究竟有多少香港的小朋友親身體會過？無論如何，這絕對是日出的永恆影象標誌。

《新編幼稚常識》第二冊

✳ 出版：上海書局有限公司
✳ 版次：1973年版

我們的舊課本

讀者帶來不少想像空間。

欣賞插畫師豐富多采的創作，為

非常超現實。我很多時候都非常

竟多了一個窗口，還看見日出！

有趣——小朋友一覺醒來，房間

仔細欣賞這幅插畫，發覺原來很

甚或做功課……。

時半，可能才開始晚飯、看電視

符合以上的作息時間了，晚上八

忙的世代，小朋友很可能不容易

起床準備上學。然而，在這個繁

睡覺，翌日早上六時三十分便要

孩子」晚上八時三十分就要上床

稚園課文裏，可以看見那位「好

腦海中。在這篇一九六一年的幼

好，這些觀念一直植根在我們的

一日之計在於晨，早睡早起身體

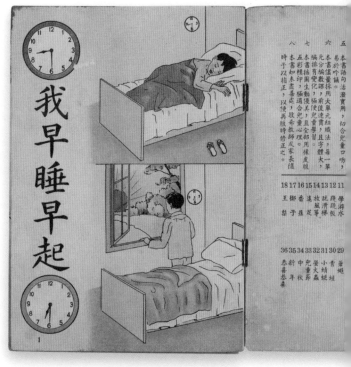

《現代幼稚常識》第二冊

❈ 出版：上海書局有限公司
❈ 版次：1961年5月11版
❈ 定價：每冊星幣八角

7

開學了

這篇一九六二年的幼稚園課文，第一課就是「開學了」，美麗的插畫描繪了開學第一天的情況，筆者非常喜愛這種六七十年代的插畫風格，簡單、有力、樸實。雖然我已經記不起開學的第一天自己是如何渡過，不過想當年定必是非常緊張和不安，不像插畫裏的小朋友那麼的安靜和乖巧。

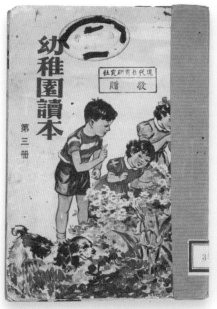

《幼稚園讀本》第三冊

☀ 出版：現代教育研究社有限公司
☀ 版次：1962年
☀ 定價：每冊九角

敬老師 愛同學

敬老師

29

進入校園後，孩子們最常接觸的就是老師和同學。習慣了萬千寵愛集一身的孩子，當然要學習用正確的態度來對待身邊的人。從課文的插圖所見，插畫師用了反面的角度（欺負同學）來表達愛同學，很有心思。

另外，課文中的老師身穿長衫，盡顯東方女性的優雅，小朋友則穿着自己服飾，未有統一的校服。

《新編幼稚園讀本》第四冊

❋ 出版：商務印書館香港分館
❋ 版次：1959年8月版
❋ 定價：每冊一元

互助
不爭吵

七十年代的幼稚園課本，開始用上真實的照片來代替傳統的插畫。小演員們以各種（生硬）動作，示範何為「互助」和「不爭吵」，另外也可窺見當時的兒童服飾和玩具等。照片的拍攝地方應為美孚新邨。

幼稚園新課本《常識》第三冊

❋ 出版：教育書店
❋ 版次：1979年12月版

我們的舊課本

寬恕別人

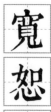

簡短的課文，至大的道理。

同學間常因小事爭執，該如何化解？老師從兩方面說：若別人有錯，要寬恕對方；若自己有錯，就坦白承認。

就這樣，兩位同學握握手，做回好朋友。

29

十五 寬恕別人

美美和麗麗，常常為了一些小事情，互相爭吵，使大家都很不愉快。

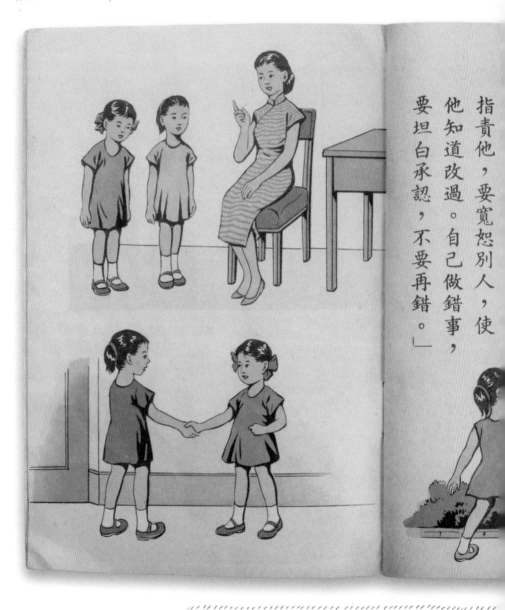

指責他，要寬恕別人，使他知道改過。自己做錯事，要坦白承認，不要再錯。」

《健康教育》小學二年級下學期

❋ 出版：現代教育研究社有限公司
❋ 版次：1960 年 1 月初版
❋ 定價：每冊六角

聽話

聽先生的話
在課室

在課室聽先生的話。先生們在課室除了教大家書本上的知識，也教各位孩子做人的道理。

在家裏聽媽媽的話。媽媽在家裏除了照顧孩子起居飲食，也教他們待人接物的分寸。

《幼稚園讀本》第四冊

※ 出版：新法圖書出版公司
※ 版次：1969 年 7 月修訂版
※ 定價：每冊一元

我們的舊課本

在家裏
聽媽媽
的話

22

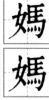

爸爸好

ㄅㄚˋ 父 爸 爸 爸

媽媽好
爸爸好

極簡短的幼稚園課文，待孩子慢慢長大後，就由他一步一步發掘、填寫父母「好」的內容。

《幼稚園新讀本》第二冊

❋ 出版：教育書店
❋ 版次：1972年6月

爸爸媽媽太辛苦了

爸爸到工廠上班，常常早出晚歸。他經常叮囑兒女的，就是要當個好孩子。

媽媽雖然沒有外出工作，但在家中也十分忙碌，尤其當孩子生病了，更是憂心非常，徹夜不眠。待孩子的病好了，「媽媽才把心頭的重擔放下，得到休息，可是已太辛苦了。」

生動的文字，將媽媽對孩子無私的愛描述得絲絲入扣。

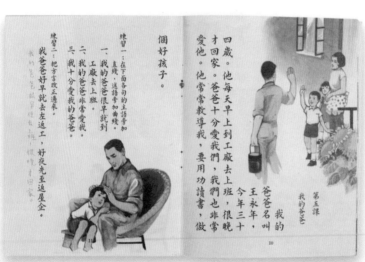

新標準《作文3》小學二年級上學期

❋ 出版：教育出版社有限公司
❋ 版次：1968年
❋ 定價：每冊定價港幣八角

我們的舊課本

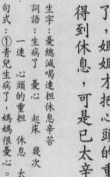

二十一 媽媽太辛苦了

青兒生病了，媽媽很憂心。
晚上睡覺的時候，媽媽總要
起床幾次，看看青兒的熱度有沒
有減低，睡得好不好，要不要喝
點開水。

一連過了幾天，青兒的病好
了，媽媽才把心頭的重擔放下，
得到休息，可是已太辛苦了。

生字：憂總減喝連擔休息辛苦
詞語：生病了　憂心　起床　幾次　熱度　減低　喝點開水
　　　一連　心頭的重擔　休息　太辛苦
句式：①晚上睡覺的時候，媽媽總要起床幾次，看看青兒的熱度有沒有減低，睡得好不好，要不要喝點開水。
　　　②青兒生病的時候，媽媽總要起床幾次，看看青兒的熱度有沒有減低，睡得好不好，要不要喝點開水。

《模範中國語文》小學二年級上冊

✳ 出版：模範出版事業有限公司
✳ 版次：不詳
✳ 定價：每冊二元八角

好哥哥 好弟弟

幼稚園課本的文字當然較為簡潔，兄弟相處，就是要「你愛我，我愛你」。來到小學一年級，相親相愛的內容變得具體了。首先是弟弟和妹妹的年紀比較小，很多東西都不會做，所以身為哥哥的要教他們讀書，身為姐姐的也要幫助弟弟料理自己。

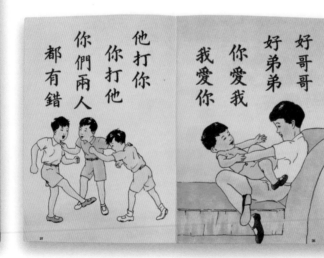

二十一　愛護小弟妹

21

好哥哥
你愛我
我愛你

他打你
你打他
你們兩人
都有錯

《現代幼稚讀本》第三冊

※ 出版：上海書局有限公司
※ 版次：1962年8月11版

22

父母心歡喜
相愛又相親
大家很和氣
從來不爭吵
好哥哥　好弟弟
二十二　我從不爭吵

哥哥教妹妹讀書
姊姊替弟弟服務

工作才會做

《社會》一年級下學期

※ 出版：香港中小學教材研究社有限公司
※ 版次：1968 年
※ 定價：每冊一元二角

路不拾遺

本課以連環圖的方式來將「路不拾遺」的故事表達出來，十分好看。插圖中也可窺見當時警察的制服模樣。

留意本書蓋上「香港政府贈 免費生用」的印章，顯示香港還未推行免費強迫教育之前，政府會補助本予貧困或優異成績的學生使用，為他們減輕書簿費用的負擔。

二十三 路不拾遺

在路上，拾到別人「掉下的東西」，應該交給警察，帶回警署去，等候失物的人去認領。

新標準《社會》小學二年級上學期

※ 出版：現代教育研究社有限公司
※ 版次：1968年
※ 定價：每冊一元

幫助不幸的人

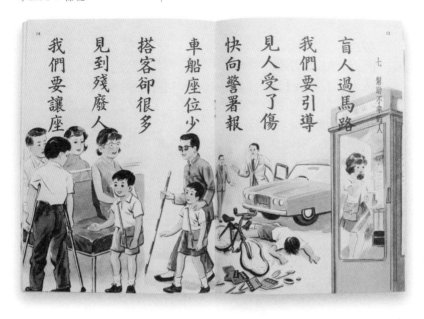

七　幫助不幸的人

盲人過馬路
快向警署報
見人受了傷
我們要引導
車船座位少
搭客卻很多
見到殘廢人
我們要讓座

這一課讓孩子進一步認清社會的真實：

社會存在着好些不幸的人，他們或盲眼、或行動不便，以至遇到意外而受傷，小孩子見到這些情況，就應該挺身而出，幫助有需要的人，如此，孩子才是真正的長大過來。

另外，這篇七十年代的課文，將我們今天常說的殘疾人士或傷健人士，直接稱呼為「殘廢人」，未知當年會否引起當事人的困擾和不快？

《香港社會》小學一年級下學期

❋ 出版：香港文化服務社有限公司
❋ 版次：1974年12月初版
❋ 定價：每冊二元

衛生

養成良好的衛生意識，除了予人外觀整潔的印象，也
是確保身體健康的不二法門。除了個人衛生，公共衛
生也是孩子們需要自小養成的觀念。一個骯髒的人故
然不受歡迎，一個骯髒的城市也不會有人喜歡。

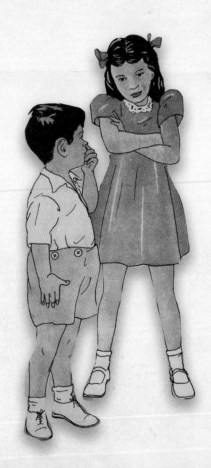

吃飯前洗洗手

吃飯前洗洗手，相信很多父母都會培養孩子這習慣，至於吃飯後立即漱口，現在已比較少見了。留意課本裏孩子是在「痰罐」前漱口的。

《新編幼稚園讀本》第四冊

❋ 出版：商務印書館香港分館
❋ 版次：1959年8月版
❋ 定價：每冊一元

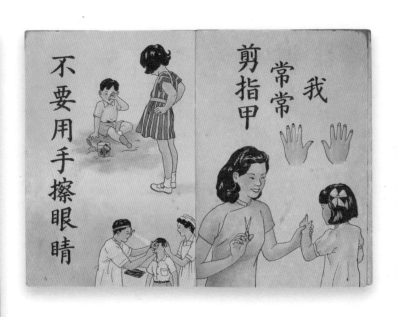

不要用手指挖鼻孔

挖鼻孔可能是很多人從小養成的壞習慣，不易改掉，課文插圖中就有一位大姐姐正在瞪着挖鼻孔的小弟弟，是的，挖鼻孔的動作除了難看，其他人也會對你「另眼相看」。此外，課文也教大家不要隨地吐痰，要吐的話應吐去「痰罐」，否則傳播病菌，其他孩子就遭殃了。

還記得初小時老師會檢查大家有否剪指甲嗎？若指甲過長或指甲藏污納垢，那麼成績表上的「衞生」一欄就不會高分了。留意插圖上媽媽是用剪刀替孩子剪指甲的。

另一方面，用手擦眼睛的後果可大可小，若有不潔的東西入眼了，可能要看醫生呢！

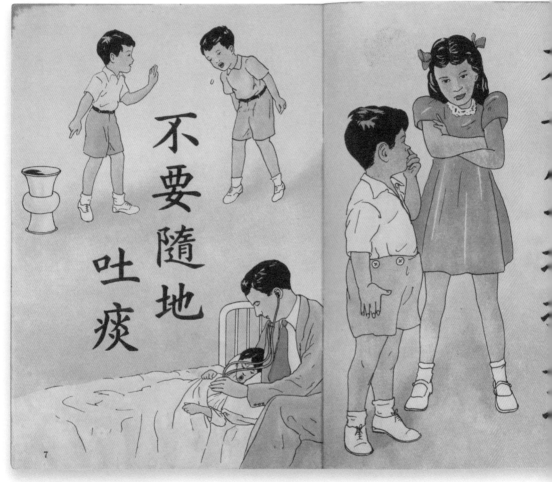

不要隨地吐痰

7

《現代幼稚常識》第二冊

❋ 出版：上海書局有限公司
❋ 版次：1961年5月11版
❋ 定價：每冊星幣八角

飲食的基本

一切從基本學起。飲食的基本，就是不應狼吞虎嚥，要慢慢咀嚼，另外也不多吃街上零食。六十年代街上小販擺賣的食品，衛生常存有風險，霍亂傷寒等是當時非常流行的傳染病，所以要避免疾病，就要從個人生活習慣開始教育。

《幼稚園常識》第三冊

※ 出版：現代教育研究社有限公司
※ 版次：1962年
※ 定價：每冊九角

飲食要有禮貌

除了要注意個人衛生，餐桌禮貌也是不容忽視的環節。這課文教授了用餐時小朋友應乖乖地進食，不應高聲吵鬧等等，所以我們常說從食相能夠看出一個人的修養，這句說話真的沒有說錯。

18

17

九　飲食要有禮貌

弟弟吃飯時，常常愛高聲吵鬧，亂敲碗筷，隨意走動。

媽媽說：「好孩子要注意飲食應有的禮貌，吃飯時不要高聲談話；咀嚼時不可發出聲響；碗筷也不要碰出雜聲。大家一起用膳時，更不要亂翻別人面前的菜餚。」

弟弟聽了，很是慚愧。

《健康教育》小學二年級下學期

❋ 出版：香港中小學教材研究社有限公司
❋ 版次：1964 年 7 月版
❋ 定價：每冊六角

早晚洗臉 衣服常換洗

相比起早期大多使用手繪插畫的展示方式，這本一九七一年出版的「傳真版」健康教育課本，用上更多寫實照片（「傳真版」的意思可能就是把真實一面傳神地呈現）。然而，硬照出來的效果往往很生硬，例如這一課教學生早晚要洗臉，就

將小演員的臉塗污得十分誇張；另一課的學生衣服也是髒得過份……。儘管美感欠奉，也有點脫離現實，但直接的表達手法確會令小孩子留下深刻印象。

值得一提是：一九九六年起，健康教育（簡稱健教）跟社會和自然（八十年代初改為科學科）三個科目，綜合成為「常識科」，以方便整合三個學科的知識。

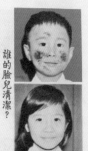

你認識這些東西嗎？有甚麼用處？

誰的臉兒清潔？

早晚洗臉
眼耳口鼻
都抹乾淨

傳真版《健康教育》小學一年級上學期

☀ 出版：教育出版社有限公司
☀ 版次：1971年版

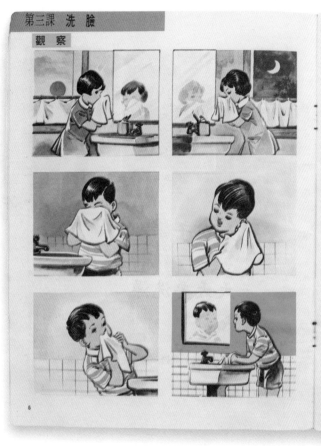

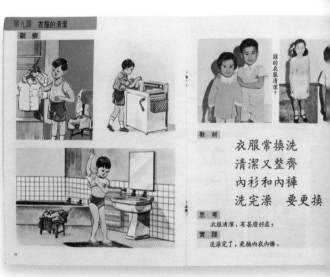

擠暗瘡

小朋友踏入青春期階段，開始感覺身體有顯著的變化，是時候要更了解生理上的知識，這一本小學六年級的健康教育課本，講述了「暗瘡」的問題，非常適合處於青春期的學生閱讀，課文主要講述了生暗瘡的原因，以及同學們預防和治理的方法，實用非常。

13

六 暗瘡

溫玉春

暗瘡也叫粉刺，多數發生於青少年的青春期內，患有這種疾病的人，面部或胸背部，常出現一些紅色粒狀物，大小不一，輕重有別。

較大的，中央有黃色膿頭，如果我們將它擠破，就會流膿或流血。

引起暗瘡的主要原因，是由於面或胸背部的皮脂腺分泌過多，管口堵塞，油脂不能外流，日子久了，便形成暗瘡。其他消化不良、腸胃發生障礙、便秘、食物敏感、內分泌腺的失調，以及皮膚不清潔等，也會引起此種疾患。暗瘡原因雖多，但若能找出原因的所在，是

我們的舊課本

14

水把皮膚上的污垢洗擦乾淨，避免皮脂腺的管口被阻塞。

（二）消化——每天應該養成大便的習慣，使廢物排出身體外。為了幫助腸胃的消化和排洩，最好每天能多吃水果、多喝水。

（三）處理暗瘡——不能隨便去擠捏，以免將膿血擠到皮膚的其他地方，而引起皮膚炎。嚴重的暗瘡，經久未癒，就應該請醫生來處理。

討論問題

一、甚麼叫做暗瘡？
二、引起暗瘡的原因有那些？
三、我們怎樣預防和處理暗瘡？

生了暗瘡，不可隨便去擠捏。

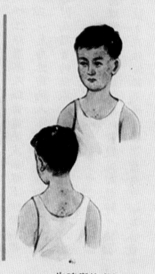

生暗瘡的青年

新標準《健康教育》小學六年級上學期

※ 出版：現代教育研究社有限公司
※ 版次：1968 年 7 月修訂版
※ 定價：每冊八角

腳部的衛生

健康教育課本主要教導學生們注意自己的身體，屬於日常生活知識；從小照顧好自己身體，讓小朋友養成良好習慣，遠比有事的時候才想辦法解決好得多。

這課文中出現了我們小時候常聽到的「香港腳」，究竟香港腳跟香港有何關係？關係又是怎麼樣？

相傳英國佔領香港初期，由於香港夏天非常潮濕和悶熱，部分整天穿上長靴的英國士兵雙腳竟然生了很多細小水泡，有些紅腫化膿，癢得很厲害，由於來自歐洲的醫生也未見這種怪病，認為這是香港發生的流行病，所以稱之為「香港腳」。

不要借用他人的鞋襪。

...襪要鬆緊適宜，濕了便要馬上...襪子更要常換洗。

...部經常保持清潔，每晚都要...用毛巾擦乾，才不會生「香港...——你知道甚麼是「香港腳」嗎？

慣　☆ 浴後必加意擦乾趾縫。
　　☆ 常剪趾甲。
　　☆ 不穿他人的鞋襪。

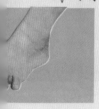
香港腳

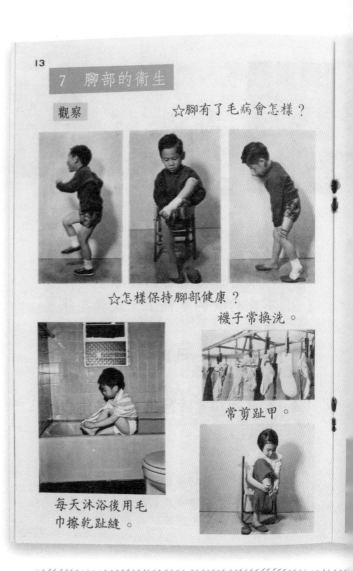

《現代健康教育》小學二年級上學期

✳ 出版：現化教育研究社有限公司
✳ 版次：1972年7月初版

消化系統的認識

這篇小學四年級的健康教育課文，是筆者非常深刻的一課。它以一幅豐富的插圖，描述人體就像一家「消化工廠」，不同部位有不同的工人工作，再以文字輔助，清楚解釋整個系統是如何運作；食物經過不同的器官，一站又一站的，直到整個消化系統完成任務，把糞便排出。作業活動一欄，更要大家講講成語「望梅止渴」的故事，進一步加深同學們對消化系統的理解。

教師用書
小學四年級
上學期
現代
健康教育
現代教育研究社編印

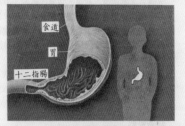

食物在消化道裏的移動

1小時後　8小時後　24小時後

胃的位置和構造

食道　胃　十二指腸

胃的功用

胃液　胃的運動

供應剩下大腸大部渣滓排出。

渴」故事，顯示口腔分泌唾液。

遺情況。

觀察他們飲食和排遺過程。

2

1. 消化系統的認識

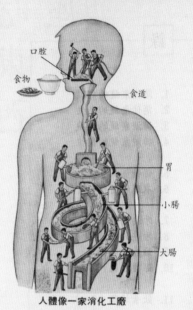

人體像一家消化工廠

（口腔、食物、食道、胃、小腸、大腸）

觀察討論

食物是怎樣消化的？

教材提要

把食物變成養料的過程，叫做「消化」。消化系統就是指負責消化作用的各種器官。

口腔和食道 口腔內的牙齒把食物磨碎，再由舌將食物和唾液混和，然後經食道進入胃內。

胃 胃是位於腹腔左上方，上接食道，下連小腸。當食物進入胃內，由胃壁和胃液進行消化，使它成為食糜然後進入小腸。

小腸與大腸 小腸裏的腸液和從胰臟、肝臟送來的消化液，再把食糜進一步消化變為養料，經過小腸壁的毛細管吸收輸入血管。於是，養

料便隨著
全身各部
的液狀廢
去。大腸
分的水分
便是糞便

大腸

消

作業活動
1. 講
2. 說
3. 飼

1

《現代健康教育》小學四年級上學期

❋ 出版：現代教育研究社有限公司
❋ 版次：1986年7月修訂版

不在路上吃東西，讓座

除了個人衛生，當然也要注意公共衛生。六七十年代街頭有很多小販，售賣各式各樣的小吃，尤其學校附近總有幾檔這些小販，學生們放學後定必光顧；然而，那些咖喱汁、紙杯、竹籤等往往散佈地上，而且那些小吃也未必潔淨，拉肚子就不好了。

左頁課文則教導孩子守秩序和讓座意識：候車時故然要排隊，「遇到老弱或傷殘，也要把座位相讓」。長大了的你，還有讓座嗎？

15

十一 不在路上吃東西

明光在路上吃東西，

老師說：「在路上吃東西，很不合衛生，也不好看，

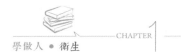

十二 乘車

搭車的人多，
等車要排隊，
上下車不爭先；
遇到老弱或傷殘，
要把座位相讓。

新標準《現代社會》小學一年級下學期

※ 出版：現代教育研究社有限公司
※ 版次：1971年7月版
※ 定價：每冊一元二角

26

在舟車上

這一課主要教導學生在乘搭公共交通工具時不要遊戲、唱歌或喧鬧，以免影響其他人。這課七十年代的課文，來到今天，或許要補上「使用發聲電子產品時請用耳機、切勿修剪指甲，以免造成滋擾」等等內容。

十三 在舟車上

電車、巴士或

渡海船上，

都是公共地方，

在上面遊戲、

唱歌或喧鬧，

都會妨礙他人，

我們不要這樣做。

17

新標準《現代社會》小學一年級下學期

❋ 出版：現代教育研究社有限公司
❋ 版次：1971年7月版
❋ 定價：每冊一元二角

公共衛生

公共衛生的程度向來是一個城市是否先進的指標，香港政府所推動的全港性公眾教育和宣傳活動，一直以來設計了不少相關海報和標誌，由六十年代的平安小姐起，至七十年代的垃圾蟲，又或者讓筆者留下深刻印象的「一雙怒目而視的眼睛」，乃至九十年代的清潔龍等……。

當然相關的清潔運動教育在課本之中一定能夠找到蹤影，這本七十年代的社會課本，其中一課就以公共衛生為題，教導小朋友從小學習保持生活環境清潔和衛生，如此對於健康或者預防疾病也起着關鍵作用。

書中幾幅插圖都記下了當年清潔運動的情況，那隻垃圾蟲更會遭受拘捕；同時牠也登上了課本封面，足見其「知名度」。

十九　公共衛生

　　注意公共衛生，就是防止病菌傳染，保持健康安全的最好辦法。政府為了預防病菌蔓延，經常辦理防疫注射和加強醫療等工作。但市民如能注意公共衛生，疾病便自然減少。

　　日常生活中必須做到：不隨地吐痰，不亂拋垃圾，積聚的污

45

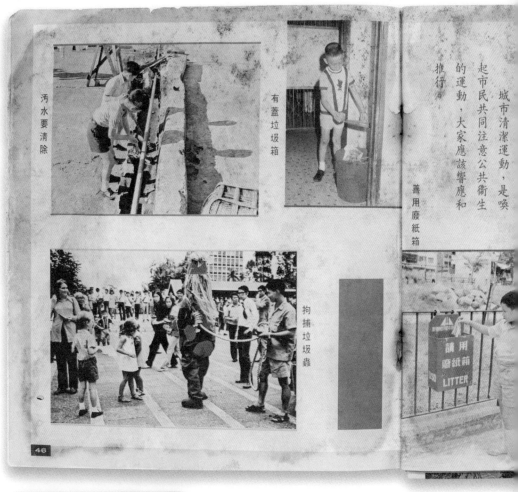

城市清潔運動，是喚起市民共同注意公共衛生的運動，大家應該響應和推行。

汚水要清除

有蓋垃圾箱

善用廢紙箱

拘捕垃圾蟲

請用廢紙箱 LITTER

46

《社會》小學三年級下學期

❋ 出版：香港人人書局有限公司
❋ 版次：1974 年 12 月再版

28

做好事情才去玩

幼稚園的課文，文字簡潔有力之餘，往往也像口訣，讓孩童容易琅琅上口。「自己的事要人做，生了兩手做什麼」、「今天的事明天做，明天的事不能做」，孩子們就是透過這些文字和圖畫，知道自己的事自己做，今天的事今天做。

「做好事情才去玩，你說快樂不快樂？」看見課文中兩位小孩歡天喜地跳繩繩的樣子，相信孩童們也想立時完成手頭的作業去玩耍。

自己的事
要人做
生了兩手
做什麼

今天的事
明天做
明天的事
不能做

《現代幼稚讀本》第三冊

本讀稚幼代現

❋ 出版：上海書局有限公司
❋ 版次：1962年8月11版

❋ **62** ❋

我們的舊課本

做好事情
才去玩
你說
快樂
不快樂

《現代幼稚讀本》第四冊

❋ 出版：上海書局有限公司
❋ 版次：1961年5月第11版

尺牘

在還不是很遙遠的年代，寫信可說是一個相當重要的
生活環節，事無大小也以書信往來，進行溝通。例如
生病了需要向學校請假、相約親友週末一起郊遊遠
足，甚至向同學借閱圖書，也會以書面形式進行。就
算是踏進社會工作的成年人，也有很多事情得靠書
信，例如找工作、申請各樣事項等，所以當年也有一
種代客寫信的職業，這些小檔口常見於郵政局附近的
街頭巷尾，方便客人把信寫好，然後寄出。

約遊玩

尺牘這一科目雖於七十年代初期消失了，但寫信這課題還是繼續教授學生，不過多見於中文（國語）或作文的教科書中，再沒有獨立成科。

從尺牘的課本中，可以看到書信的格式，當中上下款、敬語或問候語等的運用，都有一套完整的標準。今天的我們，相信已經利用手機或網絡平台完成大部分的溝通，親手寫信和到郵政局寄信這些事情，應該變成非常遙遠和陌生了。

七　約遊植物公園

大仁表哥：

　　爸爸說，後天下午，帶我到植物公園去玩。你去嗎？請問問舅父舅母吧。我很希望你能和我們一塊兒去呢。祝你快樂！

表弟　國明　三月十日

10

《尺牘》小學一年級下學期

❋ 出版：現代教育研究社有限公司
❋ 版次：1964年1月初版
❋ 定價：每冊七角

30

問病

舊社會事無大小都會寫信，例如某同學病倒了，其他同學會寫信慰問一下，某同學痊癒後，又會回信答謝同學們的關心。從課文中可了解當時的生活方式和同學間的相處之道。今天，若某朋友沒有上學或上班，我們會噓寒問暖，還是若無其事呢？

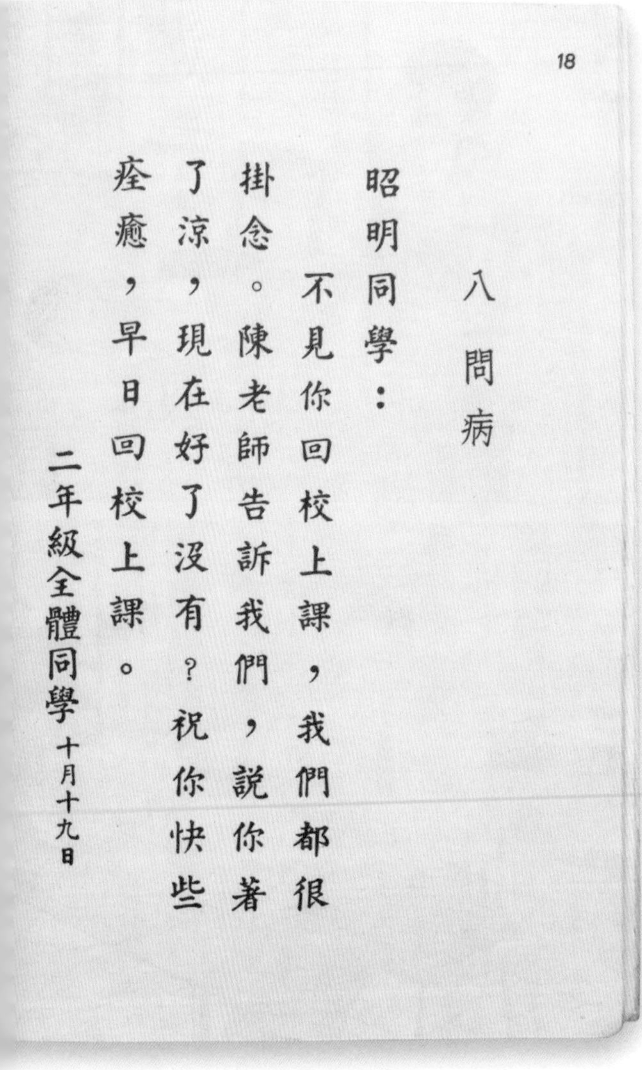

18

八 問病

昭明同學：

　不見你回校上課，我們都很掛念。陳老師告訴我們，說你著了涼，現在好了沒有？祝你快些痊癒，早日回校上課。

二年級全體同學 十月十九日

《尺牘》小學二年級上學期

❋ 出版：現代教育研究社有限公司
❋ 版次：1964 年 7 月初版
❋ 定價：每冊七角

31

求職

這篇尺牘課文以一位十一歲的孩子為主角，他正寫信予出版社應徵抄寫員。

這位男孩就讀小學四年級，想利用放學的時間工作，以半工半讀的方式幫補家計。課文真實地反映了當時的實況：六十年代基層家庭的小朋友，普遍會以不同形式的兼職賺取微薄薪水，幫輕家裏負擔，當時來說這是一件正常不過的事情。不過放在今天的社會，十一歲的年紀當然不可能出外找工作了，九年免費強逼教育的用意之一，正是避免了學童過早出來社會工作，影響讀書和學習。

十六　致出版社——應徵抄寫員

敬啟者：頃①閱報載，藉悉貴社為出版「兒童百科全書」，擬徵求臨時抄寫員多名。本人現年十一歲，育才小學上午班四年級肄業②。自問字體端正，對抄寫工作，當能勝任。因父老家貧，且下午頗有餘暇，故擬利用學餘時間，半工半讀。如荷

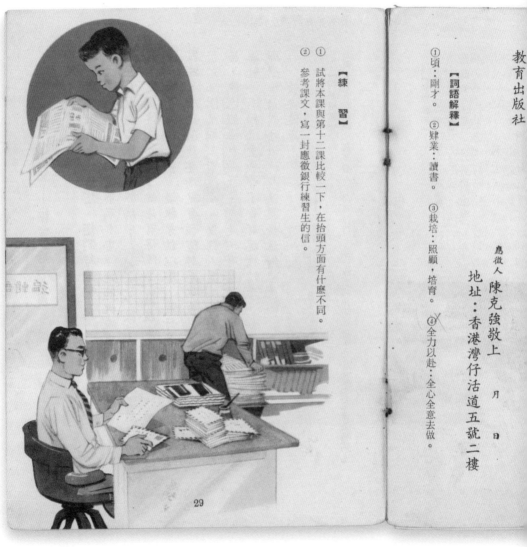

29

【練習】

① 試將本課與第十二課比較一下，在抬頭方面有什麼不同。

② 參考課文，寫一封應徵銀行練習生的信。

【詞語解釋】

① 頃：剛才。　② 肄業：讀書。　③ 栽培：照顧，培育。　④ 全力以赴：全心全意去做。

教育出版社

應徵人 陳克強敬上　月　日

地址：香港灣仔活道五號二樓

新標準《尺牘8》小學四年級下學期

※ 出版：教育出版有限公司
※ 版次：1967年12月初版
※ 定價：每冊七角

32

親友和師長稱謂表

程課制年六新署司育教港香

大雅尺牘

附現代應用文

六年級下學期

6毫

大雅圖書公司印行

這個「親友和師長稱謂表」，精選了這課本中有關稱謂的課文，以表格形式呈現，可謂「一表在手，世界通行」。當遇見親友或長輩時，就可以準確無誤地說出合適的稱謂了，當然在寫信時，也不會弄錯上下款。

《大雅尺牘》小學六年級下學期

❋ 出版：大雅圖書公司
❋ 版次：1969年1月初版
❋ 定價：每冊七角

親友和師長稱謂表

（上表）

稱呼別人	祖父	祖母	伯父	伯母	叔父	叔母	姑母（姑媽）	姑父（姑丈）	外祖父	外祖母	男父	男母
自稱（男性）	孫男	孫男	姪兒	姪	姪	姪	姪	姪	外孫男	外孫男	甥	甥
自稱（女性）	孫女	孫女	姪女	姪女	姪女	姪女	姪女	姪女	外孫女	外孫女	甥女	甥女
關係	自己父母的父	自己父母的母	自己父親的哥哥	伯父的妻	自己父親的弟弟	叔父的妻	自己父親的姊妹	姑母的丈夫	自己母親的父	自己母親的母	自己母親的兄弟	舅父的妻

（下表）

稱呼別人	兄（姊）	世伯母	世伯	先生（老師）	同學（學兄、學弟）	表兄、弟、姊、妹	表叔伯	姨父（姨丈）	姨母
自稱（男性）	弟	世姪	世姪	學生（受業）	同學（學弟）	表弟	表姪	甥	甥
自稱（女性）	妹	世姪女	世姪女	學生（受業）	同學（學妹）	表妹	表姪女	甥女	甥女
關係	朋友通用	世伯的妻	自己父母的朋友		自己的同學	姑丈、舅父和姨丈的兒女	姑丈、舅父和姨丈的兄弟	姨母的丈夫	自己母親的姊妹

附註

一、本表列舉，僅限本冊所應用的，除外詳見別冊。

二、對自己父母的妹妹或未婚的姊姊，習俗概稱姑姊。

書信本來叫做尺牘

這課文清楚講述了尺牘即是書信：「書信本來叫做尺牘，它還有魚書、尺素、書札等別稱，是應用文中用途最廣泛的一種。書信和一般文章不同，書信有它獨特的格式和慣用語。」

課文內列出了一封書信大致有六個部分。包括：「第一部分是稱呼對方；第二部分是向對方致候；第三部分是主要內容，說明寫信的目的；第四部分是末了的客套話；第五部分是向對方祝福；第六部分是寫上自稱名字和發信日期。」清楚講述了一封書信應有的格式，讓同學們理解並練習。

今天我們的生活不再像以前般，事事也使用正統的書信來往，重看這些課本，除令我們重新學習傳統的書信格式，也趁機了解昔日的生活方式以及人與人之間的溝通橋樑，相比起現今大部分人使用手機軟件溝通，不可同日而語。

第八課 書信

【範文】

書信本來叫做尺牘，它還有魚書、尺素、書札等別稱，是應用文中用途最廣泛的一種。書信和一般文章不同，書信有它獨特的格式和慣用語。語體書信

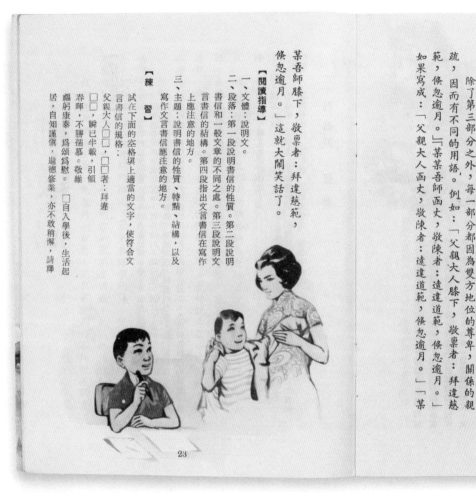

了的客套話;第五部分是向對方祝福;第六部分是寫上自稱、名字和發信日期。

除了第三部分之外,每一部分都因為雙方地位的尊卑,關係的親疏,因而有不同的用語。例如:「父親大人膝下,敬稟者:拜違慈範,倏忽逾月。」「某某吾師函丈,敬陳者:遠遠道範,倏忽逾月。」如果寫成:「父親大人函丈,敬陳者:遠遠道範,倏忽逾月。」「某某吾師膝下,敬稟者:拜違慈範,倏忽逾月。」這就大鬧笑話了。

【閱讀指導】

一、文體:說明文。

二、段落:第一段說明書信的性質。第二段說明書信和一般文章的不同之處。第三段說明文言書信的結構。第四段指出文言書信在寫作上應注意的地方。

三、主題:說明書信的性質、特點、結構,以及寫作文言書信應注意的地方。

【練習】

試在下面的空格填上適當的文字,使符合文言書信的規格:

父親大人□□,□□者:拜違□□,瞬已半載,引領春暉,不勝孺慕。敬維福躬康泰,為頌為慰。敬維□自入學後,生活起居,自知謹慎,進德修業,亦不敢稍懈,請釋

23

新標準《作文10》小學五年級下學期

❈ 出版:教育出版社有限公司

❈ 版次:1968年

尺牘與郵政局

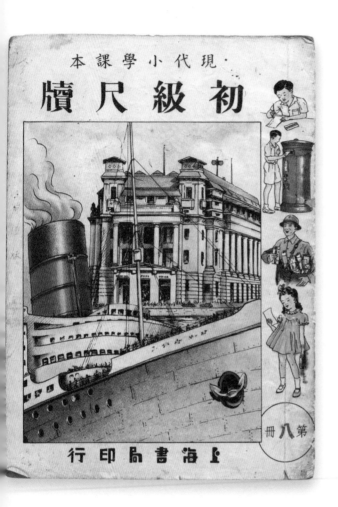

本課學小代現·
初級尺牘
第八冊
行印局書海上

尺牘課本既然是教授書寫信件，那麼封面跟郵政有關也是理所當然。這兩本新加坡出版，給予當地華人使用的尺牘課本，其封面上可以看到當時還在運作的新加坡郵政總局；至二○○一年，這座具有英國殖民地色彩的建築物改造成一所五星級酒店，酒店內設有歷史廊，介紹前身郵政總局的歷史資料。

《初級尺牘》第八冊

※ 出版：上海書局
※ 版次：1951年6月再版
※ 定價：每冊星幣四角

新加坡前郵政總局現時改造為古蹟五星級酒店

相比起來，香港曾經有一座非常美麗的前郵政總局（現址為環球大廈），在七十年代為了遷就與建地下鐵路中環站的工程，搬遷至康樂廣場現址，原建築物則遭拆卸，每次翻看昔日香港郵政總局的舊照片，無不唏噓感慨。相信不久的將來，大家只有在歷史影像的檔案中才能欣賞到香港曾經眾多的美麗建築。

《小學高級尺牘》第三冊

❋ 出版：新加坡世界書局
❋ 版次：1953 年 12 月初版
❋ 定價：每冊叻幣五角

CHAPTER 2

學 知 識

學習英數

不知讀者們最記得哪一課英語課或數學課？A for apple？乘數表？透過無數次的默書和測驗，我們將很多英文生字和算法牢牢地記在心裏，永世不忘。

1

練習簿

薄薄的一本練習簿，除了用作寫功課，背面的「九因歌」及英文大小楷對照表，都是學童們曾經每天拿來背誦和練習的。有趣的是，經歷數十個寒暑，練習簿的樣子和設計都是沒有兩樣。

拷衣士 地滑打
地士 麼寧

這本《英語指南》，以廣東話文字教授發音，讀出來的感覺其實有點怪，相信此書主要是方便當時的自學人士使用。本書為增訂版，附有最新香港九龍街道名稱的中英文對照。在那個仍是洋人高人一等的年代，學習英語絕對是向上流的機會。

今天我們再讀本書，可發現當時還會稱呼 AT COURT（法庭）為「衙門」，另外 THE WEATHER（天氣）稱為「天時」。

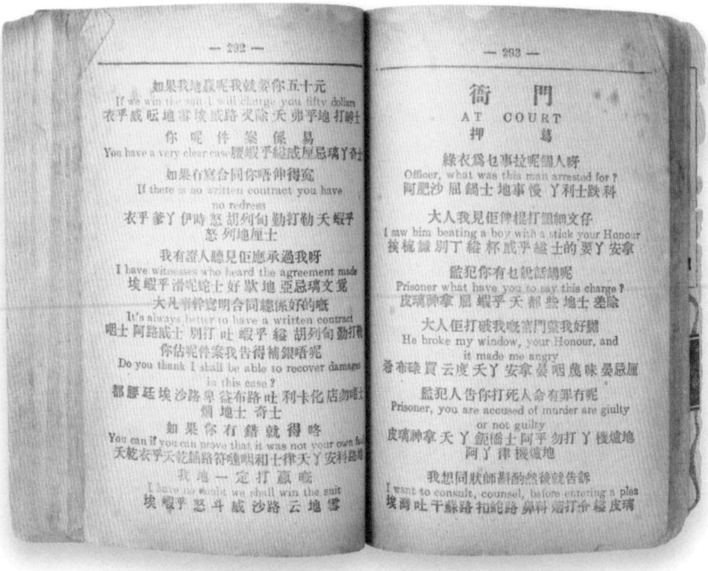

《英語指南》黃履卿氏輯譯

※ 出版：香港書業公會發行
※ 版次：中華民國十八年初版，中華民國卅八年（1949年）增訂第一版
※ 定價：每冊二元

我們的舊課本

— 214 —

將 近 夜 咯 我 要 去 咯
It is getting late, I must go now
咽衣士結丁列埃孖士高闆

好 咯 我 要 扯 咯 請 呀
Well, I must be off; good bye
威路 埃孖士卑 阿乎割拜

到 屋 之 後 寫 信 來 我 囉
Write to me when you get home...拉吐尾云天結罎

我 自 然 噲 寫 信 請 呀
I will do so with pleasure; good bye
埃威路都蘇威乎鼻厘蘇了割拜

早 日 來 見 我 因 為 好 想 見 你
You must come to see me soon for I want to see you very much
腰孖士蒂吐施尾孫科埃灣吐施腰威厘乜除

咁 快 要 離 別 我 真 唔 捨 得 你 咯
I am sorry that we must depart so soon
埃華梳厘撻威孖士地疋蘇係

我 不 能 同 你 坐 得 咁 耐 咯 請 呀
I can't stay with you any longer, so good bye
埃間地士低威乎腰晏呢郎架蘇割拜

天　時
THE WEATHER
地　滑打

今 日 嘅 天 色 點 呀
How is the weather this morning?
拷衣士地滑打地士麼寧

— 215 —

昨 晚 落 雨 嚟 而 家 晴
It was raining all night, but it has

咽窩士 連寧阿路坭不咽蝦士

外 邊 好 冷 風 吹 又
It is very cold indeed and there is off blowing

咽衣士威厘哥爐 烟跌晏爹了 云阿乎布羅榮

而 家 有 昨 日 咁
It is as cold as it was yest

咽依士丫士哥路丫士咽窩士

風 由 南 邊 來 明 日 必 定
The wind is from the south, so warmer to-morrow

地云衣士付冧地收乎梳嚥 汪麻 道麼羅

昨 日 落 路 一 日
It rained all day yesterday 咽胡連阿

如 果 現 時 落 雨 此 路 上
If it rains the roads will be ve

衣乎咽連士地律士威路卑

你 估 噲 落 雪 唔
Do you think it is going to

都天廷咽衣士高應

卿履黃

A man and a pan

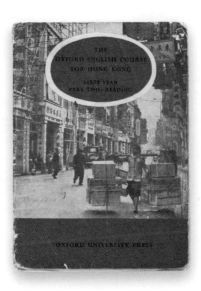

這篇 a man and a pan 可說是非常經典的一課，我遇過不少「老香港」都曾經讀過這一課書，他們也都能夠清楚記得內容。好的課文就是能夠跨越時代，讓學習的人除了應付考試，在半世紀之後仍留下深刻印記。

據知該課文最初是編製給南洋地區人士學習使用，當時同為英國殖民地的香港其後才使用同一版本。值得注意是插畫內的人物正是依據南洋地區人士的服飾描繪，而香港版本的分別在於封面設計，其圖片用上香港街道風景，估計為中上環地區。

近年該出版社為慶祝成立五十週年紀念，復刻了這套經典作品，令一眾「老同學」有機會再次讀到這課文，尋回昔日的回憶。

我們的舊課本

Oxford University Press, Amen House, London E.C.4

GLASGOW NEW YORK TORONTO MELBOURNE WELLINGTON
BOMBAY CALCUTTA MADRAS KARACHI KUALA LUMPUR
CAPE TOWN IBADAN NAIROBI ACCRA

NOTE

The Oxford English Course for Hong Kong has been adapted from *The Oxford English Course for Malaya* with the help of Miss E. G. Stephen.

IMPORTANT: This book to be used ONLY when *Part One: Speaking* has been thoroughly taught.

First published 1956
Fifth impression 1959

PRINTED IN SINGAPORE
BY CRAFTSMAN PRESS LTD
FROM PLATES

Lesson One

a man

a man and a pan   a p

1. It is a pan.   4.
2. Is it a pan ?   5.
3. Yes, it is a pan.   6.
      7. He is a man and it
      8. It is a pan and he

I

The Oxford English Course For Hong Kong,
First Year, Part Two : Reading

❋ 出版：Oxford University Press
❋ 版次：1959年

This is the capital letter
You have learnt it in Book 1.
Can you remember?

21

Q

queen

4

事頭婆

在殖民地年代，幼兒時期的英語識字課本，英文字母 Q 的一課多數會教 Queen（女皇）這個生字。香港人一般稱呼英女皇為「事頭婆」，也就是話事人的意思，當時在各大政府部門和學校也能看見英女皇的肖像高掛在當眼處。這課英文生字 Q 的內容，隨着香港回歸後已漸漸消失了。

我們的舊課本

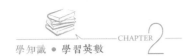

Beginners' English For Hong Kong 2

❋ 出版：Universal Publications ltd.
❋ 版次：1971年6月初版

i see a tree in the picture.
我看到圖畫上一棵樹。
I see a duck in the picture.
我看到圖畫上一個鴨。

13

來看看一幅圖畫

要教一個英文生字，最好的方式就是用故事來表達，配以簡單的插圖，令幼兒容易掌握課文內容。在這課文中，除了讓學童認識 see 這個生字，還有 picture、tree 和 duck 等等；看來這次默書，學生要記的生字夠多了。

我們的舊課本

Kindergarten English For Hong Kong 4

❋ 出版：Universal Publications ltd.
❋ 版次：1971 年

認親認戚

other　uncle　　aunt

6

對比上文在尺牘課本中提到的「親友和師長稱謂表」，現在來到英語世界，親戚的關係似乎易記得多。

father　mother　brother　sister　grandfather

5

My English Book 3

❋ 出版：Shanghai Book Co., Ltd
❋ 版次：1975年

7

聽黑膠學英語

聽黑膠學英語？嚴格來說不是黑膠，因為那隨書附送的唱片不是黑色，而是四種顏色，並且是半透明的。學習外語其中一個較好方法就是聆聽真人發聲，這類型的有聲英語教材，連同課本提供了數張唱片，以供學習時邊聽邊學，令學生能夠準確無誤地學習英文發音技巧。

筆者成長於八十年代，那時候的自學英語形式已經演進成為聆聽卡式盒帶，到了今天，卡式盒帶也幾近絕跡了。

《有聲英語課本》上冊

※ 出版：香港萬里書店
※ 版次：1971年
※ 定價：每冊十元

簡明珠算

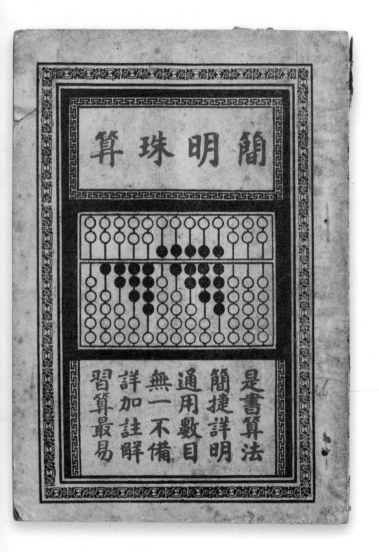

算珠明簡

是書算法
簡捷詳明
通用數目
無一不備
詳加註解
習算最易

在舊式的教育，教學內容除了《三字
經》、《百家姓》、《千字文》以及四書五
經等，珠算一科也出現於私塾和義學。
珠算教的是算術，也是教人如何運用算
盤。課本內文幾乎全屬文字，現代人看
起來可能會覺枯燥。現在，還有幾人懂
得用算盤呢？

增訂簡明珠算

一歸二除（凡有數欲分為十二份用一歸二除）

問有銀一萬二千三百四拾五兩六錢七分八厘九毛，分為十二份各得幾何

逢一進一
二一除二
見一無除作九一
逢八進八
無除起一下還一
二八除一六
逢六進二
二六除一二
逢七進二
二七除一四
逢五進一
二五除一

答曰 每份分得銀一千零二十八兩八錢零六厘五毛七絲五忽

還原（用一四二乘）

一五如五
二五得一
一七如七
二七一四
一八如八
二八一六

增訂簡明珠算

一歸三除（凡有數欲分為十三份用一歸三除）

問十三人分銀一萬二千三百四十五兩六錢七分八厘九毛，各得若干

見一無除作九一
三九除二十七
三四除一十二
逢六進六
三六除一十八
逢七進七
三七除二十一
逢六進一八
三六除一十八
逢七進一

答曰 每人分得銀九百四十九兩六錢六分七釐六毫零七忽餘九

還原（用一四三乘）

一七如七
二七一四
一八如八
二八一六
一六如六
三六一八
一四如四
三四一二
一九如九
三九二七

三八
三九

《簡明珠算》

※ 出版：新光出版社
※ 版次：不詳

動物園與生日會

這一本幼稚園算術教科書，從封面設計到內頁，都佈滿豐富而吸引的插畫，其中「動物園」和「哥哥的生日會」兩課，善用生活場景，容易令小朋友產生興趣，從中學會一到十的數目字。簡單易學嗎？未必，你看看這兩課書所填的答案，幾乎都是錯的！

《幼稚園算術》第二冊

※ 出版：兒童教育出版社
※ 版次：1972年2月再版
※ 定價：每冊一元五角

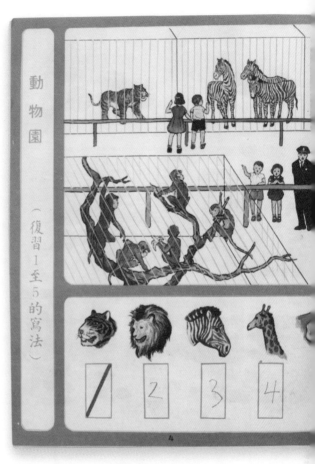

南洋的算術課本

華人移民歷史非常長，南洋地區滿佈華人生活的足跡，這本中華書局出版的《新編初小算術課本》，就是供給南洋地區的華人使用，當中內容跟本港或內地算術課本大同小異。正常來說，算術這一科很難找到不同之處──或許就只有教授各自地區貨幣單位的時候會有所差異。

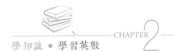

《新編初小算術課本》春秋季通用第一冊

❋ 出版：中華書局
❋ 版次：1951年
❋ 定價：每冊吣幣六角

11

香港貨幣

小孩子的金錢觀念究竟始於何時？答案可能就是來自這一篇數學課。

數學科最初階段會教導小朋友理解一、二、三、四……以及學會加減乘除的基本算法，另一個關鍵知識就是介紹生活中經常接觸到的貨幣單位。除了上課的時候聽老師講解其使用概念，也會在課堂上模擬商店進行買賣，增加小朋友對金錢的印象。

今天重溫這課文，可以欣賞到當年的硬幣或紙幣的式樣，這些已經極少流通市面的貨幣，令人十分懷念。

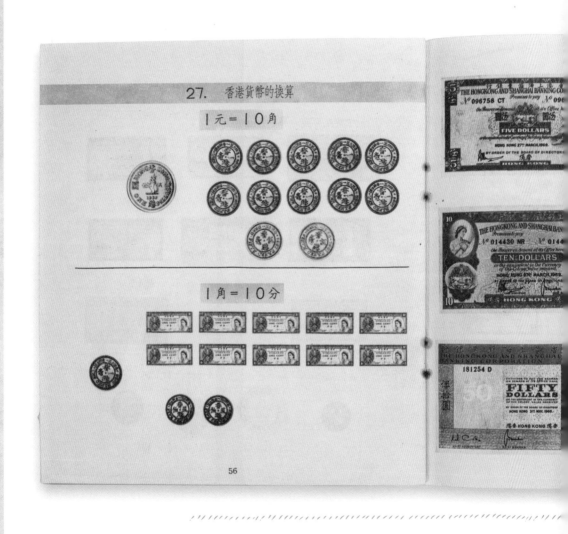

27. 香港貨幣的換算

1元 = 10角

1角 = 10分

56

《新制小學數學》第三冊小學二年級上學期

※ 出版：香港集成圖書公司
※ 版次：1975年4月版
※ 定價：每冊二元

12

時間觀念

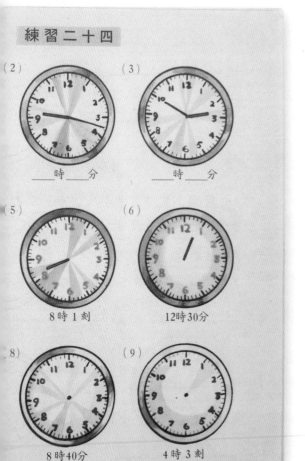

（2）　＿＿時＿＿分

（3）　＿＿時＿＿分

（5）　8時1刻

（6）　12時30分

（8）　8時40分
51

（9）　4時3刻

初小的數學科除了教授一些算法如加減乘除，另一個傳授的重要知識就是時間觀念。教授時間的課文多出現時鐘的圖畫，上課時配合時鐘模型學習，讓孩子學會時針、分針和秒針的分別。這一課過後，學童們手上往往就會多了一隻手錶。

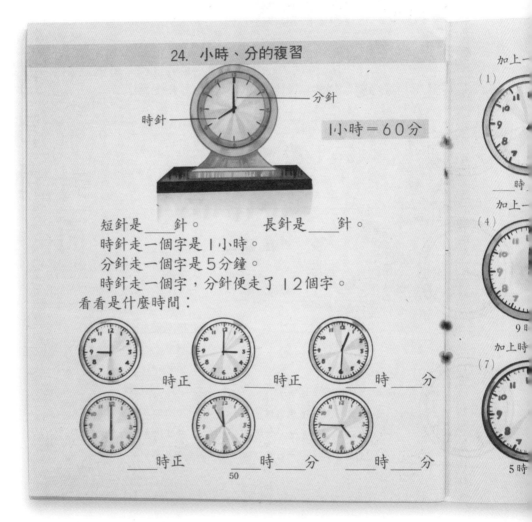

24. 小時、分的複習

時針 ──── 分針

1小時＝60分

短針是＿＿針。　　　長針是＿＿針。

時針走一個字是1小時。

分針走一個字是5分鐘。

時針走一個字，分針便走了12個字。

看看是什麼時間：

＿＿時正　　　＿＿時正　　　＿＿時＿＿分

＿＿時正　　　＿＿時＿＿分　　　＿＿時＿＿分

50

加上一

(1)

加上一

(4)

9日

加上時

(7)

5時

《新制小學數學第四冊》小學二年級下學期

※ 出版：香港集成圖書公司
※ 版次：1973年1月初版
※ 定價：每冊二元

數學課本封面

課本的封面，往往是給予學生們第一印象又或者是決定了該課本是否吸引的指標。好的設計可以令不少使用者留下一深刻印記，這幾本不同年代的數學科作業，設計者都想盡辦法突顯數學的趣味，讓學生做功課時不致「叫苦連天」。

儘管年代不同，但都不約而同用上小孩的插圖，大概這樣能引起學生的共鳴吧。

在我收集舊課本的過程中，欣賞封面上不同年代的優美插畫，閱讀它們的美學風格，的確是賞心樂事。

《新標準數學作業簿》四下 B

❋ 出版：教育出版社有限公司
❋ 版次：1969年
❋ 定價：每冊四角

《算術課本補充習題》小學五年級上學期

❋ 出版：香港文化服務社
❋ 版次：1957年10月初版
❋ 定價：每冊一角五分

《香港教育電視etv數學學生手冊》小學三年級下學期

❉ 出版：香港政府印務局印行
❉ 版次：1987年版
❉ 定價：每冊二元五角

認識自然與音樂

除了正經嚴肅的課堂，學習自然與音樂相對來說輕鬆活潑得多，相信大家也曾享受其中。課文內容出現的花草樹木、石頭和動物等，都是我們放學後能夠遇見的新奇東西，也是非常重要的日常知識。而音樂課更是筆者非常喜歡的課堂，唱唱歌、學習樂器，令原本沉悶的課室環境增添不少樂趣。

天地孕育萬事萬物，是一切生命的源頭。認識自然，當然從天地開始。

《中華幼稚識字課本》第二冊

❋ 出版：中華書局
❋ 版次：1957 年 8 月修訂版
❋ 定價：每冊港幣九角（叻幣五角）

15

蟬與螢

隨着城市急促發展，如今香港到處都是燈火通明，在市區難再找到螢火蟲的縱影，或許要到偏僻的鄉郊，才有機會碰上。至於蟬鳴，倒是常有機會聽到，尤其炎熱的夏天，聒耳非常。

第三課　螢

第二課　蟬

蟬，有雄有雌。

雄蟬胸部有發聲器官；

雌蟬沒有，不能發聲，

叫做啞蟬。

—3—

—4—

我們的舊課本

— 6 —

能夠閃閃放光。

白天，牠躲在草叢裏，

晚上出來，飛行空中，捕食小蟲。

— 5 —

《自然課本》小學第二年級上學期

※ 出版：香港文化服務社
※ 版次：1961 年 7 月初版
※ 定價：每冊七角

種花、種菜

種花、除草、施肥、澆水，在校園裏總有些讓孩子學習園藝的地方，藉以種植不同花草；種菜則不同了，那是關乎生計，尤其是當時在新界農村生活的孩子，定要學會耕種。可以看見那幅插圖的背景中，那牆壁也是破舊的，側面反映農民生活的困頓。

第四課 種花

哥哥種花

弟弟除草

姊姊施肥

妹妹澆水

澆花

第十一課 種菜

種菜要助子兒

新編自然

一上

蔡喜光・陳家農
鄧慶華
魏世年・廖榮福
編著

天列行有限公司出版

下種

澆水

播下種子，

常常澆水

加些肥料

《新編自然》小學一年級上冊

※ 出版：天利行有限公司
※ 版次：1968 年 3 月初版
※ 定價：每冊一元

常見的灌木和喬木

這兩課相信是大家小學時定要背誦的課文——尤其考試時，老師多會問到以下問題：灌木與喬木有何分別？試舉例說明之。

在這一課「常見的灌木」中，有我們熟悉的花朵，包括杜鵑花、大紅花和夾竹桃等，當中的「一品花」正是筆者非常喜歡的一品紅，因為它其實就是聖誕花。聖誕前後它都會出現在不同地方，包括遊樂場、商場和酒店等等。提起聖誕節，除了有禮物收、吃聖誕大餐，兒時的例牌節目就一定包括到尖東賞燈飾，所以一品紅是伴隨不少兒時美好回憶的一種花。

葉形狹長，葉脈排列

也有白色，花冠多瓣

葉邊成波浪形。秋冬

形。花旁的小葉，

的葉形。

教有多少。

一品紅

15

葉柄生小葉七片，展開如手掌。春天開花，花色鮮紅。花冠五片，合成似杯形。

[洋葉莉]　樹形彎曲多枝，葉片橢圓，春天開花，花有紫、紅和白等色。不整齊。

樹形對閉

17

《新制小學自然》第八冊　小學四年級下學期

※出版：集成圖書公司
※版次：1977年10月再版
※定價：每冊二元

第七課　常見的灌木

討論
1、那些是灌木樹？
2、大紅花的形狀怎樣？
3、一品紅的形狀怎樣？

【甚麼叫灌木】　樹形矮細，主幹和枝條的大小，不相上下的，叫做灌木。常見的灌木樹，有杜鵑、大紅花、夾竹桃和一品紅等。

【杜鵑花】　葉片橢圓形，葉背生幼毛。春天開花，花有紅、紫和白等色。花生在枝頂，花形似漏斗，有花冠五片的。

【大紅花】　葉片卵形，葉邊有三裂。花大，紅色，似鐘形。花冠五片，花柱突出花冠外的。花期很長，

14

時時開花的。

【夾竹桃】　葉片整齊。夏秋天開花，花重疊，似玫瑰花。

【一品花】　葉片天開花，花細細小，黃綠開花時變為紅色。

夾竹桃

活動
1、比較一下杜鵑
2、數數杜鵑花

新編小學自然第八冊（四年級下學期）

自然

樣本
SAMPLE

第八課　常見的喬木

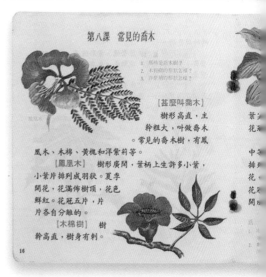

1、那些是喬木樹？
2、木棉的形狀怎樣？
3、許榮明的形狀怎樣？

【甚麼叫喬木】　樹形高直，主幹粗大，叫做喬木。常見的喬木樹，有鳳凰木、木棉、黃槐和洋紫荊等。

【鳳凰木】　樹形廣闊，葉柄上生許多小黃小葉片排列成羽狀。夏季開花，花滿佈樹頂，花色鮮紅。花冠五片，片片各自分離的。

【木棉樹】　樹幹高直，樹身有刺。

16

18

香港的岩石

這一篇小學四年級自然科的課文，圖文並茂介紹香港常見的岩石，當中包括花崗岩、斑岩和閃長岩，不少建築物、堤岸和道路也是利用這些石材來建成的。

這些岩石，容易見於本地不同角落，行山遠足時也有機會見到，另外也可以到香港世界地質公園，親身欣賞不同的地質和岩石。

【研究大綱】
【作業要項】

第十六課 香港的岩石

【研究大綱】
一、香港有哪幾種常見的岩石？
二、花崗岩的主要用途是甚麼？

【作業要項】
一、觀察花崗岩、斑岩和閃長岩的形狀。
二、搜集香港常見的各種岩石，作為標本。

香港常見的岩石，有花崗岩、斑岩和閃長岩等。它們都是地球裏面的岩漿，冷却後結成的，叫做火成岩。

花崗岩含有長石、石英和雲母三種礦物。長石多是肉紅色或淡黃色的，石英像白色的玻璃，雲母有光澤，顏色青黑，容易分成薄片。

斑岩的成分和花崗岩相似，但有很顯著的斑點。它的顏色，有淡紅、淡綠、褐色或灰色的。

閃長岩的主要成分也是長石：灰白色的，叫做白石；青綠色的，叫做青石。

花崗岩、斑岩和閃長岩的質地，都很堅硬，而且美觀，是建築房屋、堤岸和鋪路的良好石料。

—32—

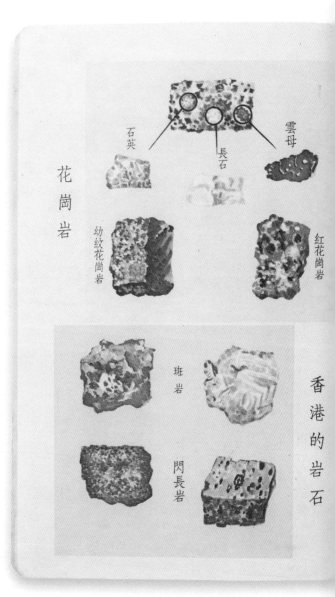

《初小自然》小學四年級下學期

❈ 出版：香港天利行有限公司
❈ 版次：1961年1月初版
❈ 定價：每冊八角

颱風

這本新加坡出版的幼稚園常識課文，介紹了「天文台」和「風」，特別之處在於課文的主要圖片都是香港風貌，當中包括尖沙嘴訊號山，也有長洲南氹灣的貨輪擱淺圖片以及香港通用的風暴訊號表。

有說香港早年一直是東南亞出版和印刷基地，不少南洋地區的華人教科書的編輯或出版部門，都是來自香港出版機構。筆者近年到南洋地區旅遊或工作時蒐集不少的南洋版本華文舊課本，其內容常常出現不少香港畫面，從中引證了香港出版業一直和南洋地區同業的密切關係。

天文台

新標準《幼稚園常識》第四冊

❋ 出版：新加坡：世界書局（私人）有限公司
❋ 版次：不詳

20

太陽系

香港教育司署新六年制課程

小學自然

六年級上學期

大雅圖書公司印行

9

行星的大小比例

3	2	1
天王星	海王星	冥王明
4.0	4.3	0.5
19.2	30.0	39.6
84年	164.87年	250年
5	2	

自然科目在八十年代初改名為「科學」科，並於一九九六年與「社會」和「健康教育」（簡稱「健教」）三個科目綜合成為「常識」科，方便整合三個學科的知識。

這一本一九六九年的小學六年級自然課本，內容講述太陽系，當時還是以九大行星的說法來介紹，但自從在二○○六年，第廿六屆國際天文學聯會通過決議，將冥王星降級成矮行星，目前太陽系已經變成八大行星了，九大行星的課文已經正式走入歷史。

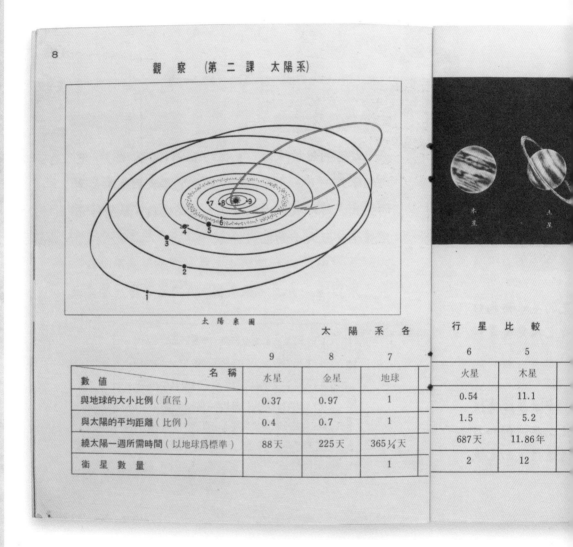

8

觀察（第二課 太陽系）

太陽系圖

數　值	名　稱	水星	金星	地球	火星	木星
		9	8	7	6	5
與地球的大小比例（直徑）		0.37	0.97	1	0.54	11.1
與太陽的平均距離（比例）		0.4	0.7	1	1.5	5.2
繞太陽一週所需時間（以地球爲標準）		88天	225天	365¼天	687天	11.86年
衛　星　數　量				1	2	12

太 陽 系 各　　　　行 星 比 較

《小學自然》小學六年級上學期

※ 出版：大雅圖書公司
※ 版次：1969年5月3版
※ 定價：每冊一元八角

白晝和黑夜

每當教授這一課時，地球儀就是出場的時間了。老師往往會像課文中的照片般，拿著手電筒射向地球儀，於是我們就會知道當香港是白天的時候（有電筒燈照射），位處地球背面的紐約就是黑夜了（電筒照射不到）。

大雅科學 1下

樣本

位置。

北
東
南

13

3. 地球和太陽

想想看：地球上的生物，需要陽光嗎？

科學研究

1. 這是從太空拍攝的地球表面。

2. 這幅圖所顯示的，哪一個是地球？哪一個是太陽？

3. 白晝的時候，地球上的光，是從哪裏來的？

4. 晚上的時候，我們需要什麼來照明？

本課主要內容

太陽的光，
能照射到地球上。
它的光線很強，
是我們最主要的光源。

活動

一、試說說：下面的各種光源，以什麼為最主要？

二、試想想：假如沒有陽光，地球上的生物會怎樣？

10

11

我們的舊課本

4. 白晝和黑夜

想想看：為什麼有白晝和黑夜？

科學研究

太陽　　地球（不停地轉動）

1.上圖的地球，哪一面向着太陽？哪一面背着太陽？
2.上圖的地球，哪一面受到陽光的照射？

本課主要內容

地球不停地轉動，
向着太陽的一面，
就是白晝，
背着太陽的一面，
就是黑夜。

12

活動

一、實驗：

試用手電筒照射皮球，看看晝夜的

二、觀察：

在陽光下看看日影的移動，同時
（觀察太陽時，用黑色塑膠片遮擋陽光，以免

三、報告：

最近幾天，黑夜開始時，是

《大雅科學》小學一年級下學期

❋ 出版：大雅圖書公司
❋ 版次：1984 年 4 月初版

22

小學名歌選

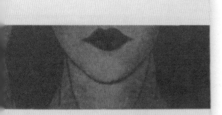

知道 A,E,I,O,U 是英文的五個
本的五個音，這五個音代表着五
好或不正確是會影響歌唱的，大
然很順利地養成控制發聲機關的
難得多了！

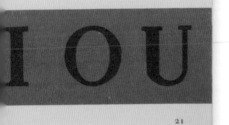

這本《小學名歌選》，除了有不同音樂曲詞的內容，另外還逭出孩子的發聲關鍵——當中包括保持特有的音色，例如清脆、嘹亮，唱起歌來要像枝頭的小鳥，另外還要注意的地方就是「口形」，A、E、I、O、U是最基本的五種嘴巴形狀，必須從小養成正確的口形；課文同時也加上不同嘴巴的插圖，幫助表達。當然，音樂課堂絕不會是坐在椅子上聽教就算，大家一邊聽老師講解，一邊自己練習發音。

21

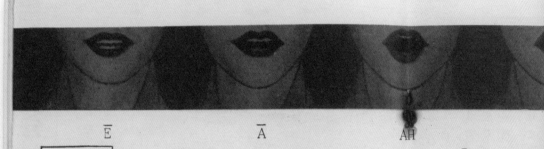

Ē　　　　　Ā　　　　　AH

『口形』是少不得
母音，也是歌唱的
種嘴巴的形狀，嘴
家必須在年紀小的
習慣，年紀長大了

保護聲帶

　　孩子的發聲機關，還沒有發育完全，所以在這時期不能過度使用。如果大聲歌唱，拼命的狂喊，就會發出刺耳的，沙啞的聲音，甚至損害能夠發出美麗聲音的聲帶了！

　　小孩子們！你要記着，保持你特有的音色——清脆，嘹亮，像枝頭的小鳥！

　　孩子們唱歌，雖不一定要同訓練聲樂家一般的嚴格，但正當的

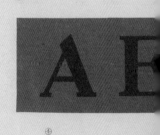

20

《小學名歌選》小學四年級下學期

❋ 出版：天成出版社
❋ 版次：1965年再版
❋ 定價：每冊九角

23

樂聖貝多芬

樂聖—貝多芬

　　貝多芬是德國人，四歲就開始學琴，十一歲就會作曲，他是世界上最偉大作曲家之一，作品大多豪放，充滿活力。

　　他很愛好散步，其著名作品「田園交响樂」就是他在鄉間散步所得的靈感。

　　我們現在唱的「快樂頌」就是交响樂」（合唱交响樂）中的第四樂兩耳失靈，但仍然不斷作曲，一生作

—9—

音樂課本除了教唱歌，當然也會講授有關音樂的事情，這本《新小學音樂》課本，先是刊印了貝多芬的經典作品〈快樂頌〉的五線譜，另外還在對頁介紹了他的生平。這樣的編排有助小朋友更立體地認識貝多芬，在唱這首歌時，能夠更加投入，也更容易深入這個浩瀚無窮的音樂世界。

快樂頌　貝多芬曲

雄壯地

f 快樂快樂 自由歌唱，和平之聲 處處聞。

mp 快樂快樂 歌頌大地，萬花迎春 好時光。

精神飽滿 充滿着朝氣，幸福的日子 放光芒。

f 快樂快樂 自由歌唱，和平之聲 處處聞。

Arrangement Copyright: Chan Yuen Han 1970

—8—

BEETHOVE

他著名的
章片段。
品非常豐

《新小學音樂》小學四年級上學期

※ 出版：鄧若平女士
※ 版次：1974年9月版

24

孝順父母

順父母

l. t. l.s s. d d r m m m r d r
養 我，養 我 恩 深，生 我 劬 勞，

l. t. l.s s. d d r m r d m r d
父 母，報 答 深 恩，報 答 劬 勞。

筆者不懂看五線譜，這首〈孝順父母〉究竟是舊曲新詞？還是本地原創歌謠？猶幸懂樂器的可依樣彈奏，令這首有意思的歌能承傳下去。

我們的舊課本

8

Andante（稍慢，如步行）

父 母 生 我，

孝 順 父 母，

《音樂》

※ 出版：現代教育研究社
※ 版次：1967年6月初版

瑪利有隻小綿羊

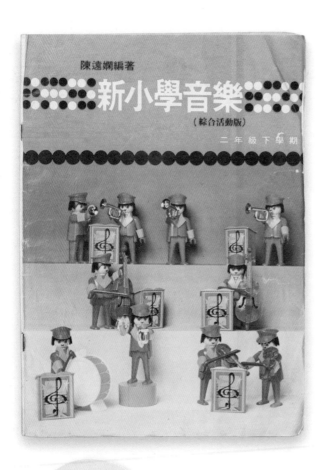

陳遠嫻編著

新小學音樂

（綜合活動版）

二年級下學期

原權所有 翻印必究

編著者：陳遠嫻女士
出版人：鄧若平女士
編輯顧問：李 冰女士・林榮敬教授・冼金國女士
陳金城校長・陳家可校長・陸傑華教授
黃文鎮教授・費明儀女士・葉惠康教授
趙梅伯教授・（排名以筆劃序）
封面設計：黃清河先生
發 行：榮利公司
電話：5-877272，5-719871
承 印：WING HANG PRINTING & BINDING CO.
太興印刷釘本公司
Block I,10/F Tak King Industrial Bldg.,
27 Lee Chung st.,Chai Wan, H.K.
總經銷：文圖映文教社
電話：5-743540

© CHAN Yian Han, 1980, Hong Kong

一九八○年版

從前的家庭未必有餘錢購買兒歌錄音帶，所以相信很多小朋友都是在音樂課堂中學會這些經典兒歌。這首〈瑪利有隻小綿羊〉，如今每位上「學前班」的幼童早已學會，而且是英文版吧！

《新小學音樂》二年級下學期

❋ 出版：鄧若平女士
❋ 版次：1980 年

瑪利有隻小綿羊

陳遠嫻和聲

愉快地

m r d r　m m m　r r r　m s s

1. 瑪 利 有 隻　小 綿 羊、　小 綿 羊、　小 綿 羊。
2. 無 論 瑪 利　那 裏 去、　那 裏 去、　那 裏 去。

m r d r　m m m　r r m r d

瑪 利 有 隻　小 綿 羊、　羊 毛 白 如 霜。
無 論 瑪 利　那 裏 去、　牠 也 跟 着 跑。

3

認識香港

城市

學童們漸漸長大，父母開始帶他們到香港不同地方遊歷，並構成他們的童年回憶。課本正是一個媒介，讓他們熟知當下香港的環境、地標與建築。每一個年代的舊課本，記錄了每一代人熟知的香港。

早期的香港

百餘年前，香港還是一個荒涼的小島，居民不過二千餘。

一八四二年成了歷史的轉折點，香港的命運和英國聯繫起來，此後起了翻天覆地的變化。作為小學三年級的課本，也只能寥寥數句，將這段複雜的歷史，呈現小學生眼前。

一　早期的香港

根據鯉魚門島與林馬島所發現的石器和陶器，說明了這裏的居民，和中國西南各省的民族相近。自漢代以後，即離現在二千餘年前，漢人便逐漸移到這裏來；到了約離現在一千餘年前的宋代時，這裏的人口約增，對外商業也略有發展。不過香港島直至百餘年前，還是一個荒涼的小島，居民約二千餘，多從事漁業和農業，其中也有些是海盜，他們聚居在香港仔和赤柱等地方。

一八五〇年的香港維多利亞全景

［一八四二年和一八六〇年，滿清政府先後把香港和九龍半島，割讓給英國；一八九八年，英復租借了新界；於是香港的領域才確定下來，自後人口不斷增加，工商業也跟著繁榮起來了］。

討論題
一、香港在漢代和宋代時的情形怎樣？
二、百餘年前香港島的情形怎樣？
三、一八四二年後，香港的情形有甚麼變化？

《社會》新制小學三年級上學期

※ 出版：現代教育研究社有限公司
※ 版次：1965年7月初版
※ 定價：每冊九角

香港的街道

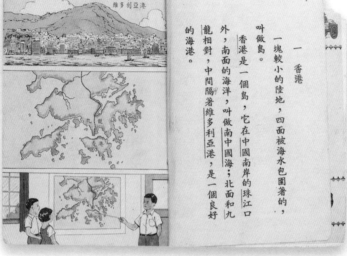

維多利亞港

一 香港

一塊較小的陸地，四面被海水包圍著的，叫做島。

香港是一個島，它在中國南岸的珠江口外，南面的海洋，叫做南中國海；北面和九龍相對，中間隔著維多利亞港，是一個良好的海港。

「社會科」顧名思義教導學生認識社會，要了解社會，當然要從自己生活的地方講起。這一課六十年代「香港的街道」課文中，見到有干諾道、半山區和山頂區，旨在說明港島平地較少，好些建築都伸延至半山或山頂，依山而建。插圖中見到從前的干諾道，開揚舒服，遠處還能夠欣賞到山水，相比起今天的繁忙景象，佈滿高樓大廈，有著非常強烈的對比。

另一課「香港」，着重從地理位置來描述港島。

我們的舊課本

干諾道

半山區

山頂區

香港是一個島，平地很少，商店和街道，多沿著北面的海岸建築，一些住宅，建築在半山的，也有道路通達。

這些道路，路面平坦，但路徑曲折，可以直達山頂，交通很是便利。

社會
小學二年級
下學期

《社會》小學二年級下學期

❋ 出版：現代教育研究社有限公司
❋ 版次：1961年1月初版
❋ 定價：每冊九角

九龍的街道

二 九龍

三面被海水包圍著，一面和陸地相連的地方，叫做半島。

九龍的東、南、西三面，被維多利亞港的海水包圍著，祇有北面和陸地相連，所以九龍是一個半島，叫做九龍半島。

九龍跟港島的區別在於，前者三面被海水包圍著，一面和陸地相連，所以叫做半島。

較諸港島，九龍被形容為地勢平坦，路面平直寬闊，而且「路旁種植樹木，很是美麗。有些街道兩旁，還種着花草，設有坐椅，可供人休息。」書中的九龍街景插圖，相信就是尖沙嘴的彌敦道路段；大概五十年代或以前，彌敦道還有兩旁種滿大樹的景象，但據知為要方便雙層巴士行走，六十年代起不少大樹被鋸走，現在能夠保留較多大樹的路段，就只有尖沙嘴柏麗購物大道的一小段彌敦道。

課文中亦可看見前尖沙嘴火車總站，屹立在維多利亞港前，就連火車路線圖也標記了火車總站的位置。

我們的舊課本

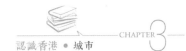
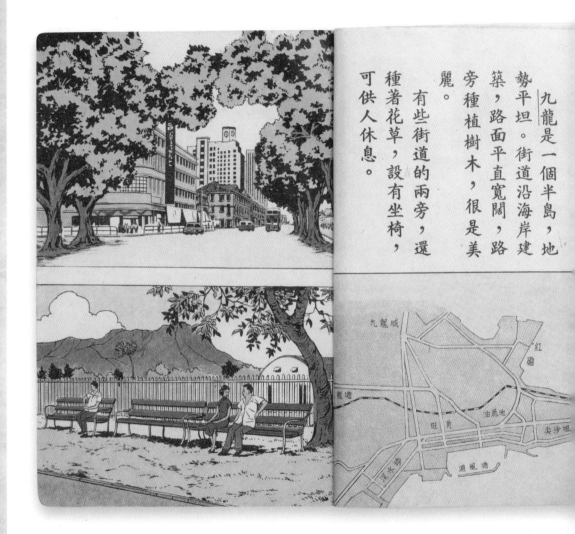

九龍是一個半島，地勢平坦。街道沿海岸建築，路面平直寬闊，路旁種植樹木，很是美麗。

有些街道的兩旁，還種著花草，設有坐椅，可供人休息。

《社會》小學二年級下學期

❋ 出版：現代教育研究社有限公司
❋ 版次：1961 年 1 月初版
❋ 定價：每冊九角

故鄉：新界

對比起急促發展的港島和九龍，新界區在六十年代或以前仍然保留濃厚的鄉村氣息，主要是當時來往九龍及新界的交通並不便利，直至一九六七年，連接九龍西及新界東的行車隧道——獅子山隧道通車，加上後來港府的衛星城市（新市鎮）政策，新界才起着較大的變化。

在這背景下，課文中提到新界是主人翁的故鄉，而且還有「兩岸栽着楊柳」的景致，那就不難理解了。

〔練習〕

三、主題：寫故鄉的優美環境，並抒發對故鄉無限懷念的感情。

　　對故鄉的深切懷念。

指出下列各句中有「‧」號詞語的作

〔範文〕

第五課　故　鄉

我的故鄉在新界，那是一個依山臨水的小鄉村，只有十多戶人家。村前有一條小河，兩岸栽着楊柳。春天一到，楊柳就換上綠色的衣裳，婆娑的柳條依依，輕輕地拂着河面，柳影倒映水中，簡直是一幅天然的圖畫。村後是一座小山，半山裏有一座石砌的亭台，我小時候和小朋友們在這裏遊玩，往往樂而忘返。

我們離開故鄉，搬家到香港來，不覺已經三年，不知道故鄉現在變成怎樣了？我那些童年的伴侶，生活過得怎樣呢？他們也在想念我嗎？

〔閱讀指導〕

一、文體：記敘文。

二、段落：第一段，述故鄉的所在地和優美的環境；第二段，自己

13

〔仿作指導〕

一、文題：燕子。

二、文意提示：參閱上頁插圖。

三、提綱：
①屋簷：住着燕子一家—父母和孩子。
②燕子爸爸媽媽辛勤地撫育小燕子。
③燕子爸爸媽媽十分疼愛，終夜悲啼。

四、詞語提供：
①呢喃　②悅耳　③辛勤　④小鳥
⑤屋簷　⑥催眠曲　⑦插提　⑧高飛
⑨傷心　⑩歡樂　⑪氣氛

12

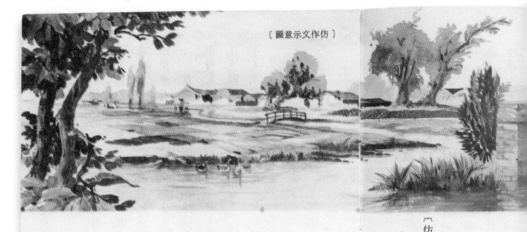

〔仿作文示意圖〕

〔仿作指導〕

一、文題：可愛的鄉村。

②婀娜的柳絮低垂。
③楊柳換上綠色的衣裳。
④那是一幅天然的圖畫。
⑤半山裏有一座石砌的亭台。

二、文意提示：
參閱本課插圖。

三、提綱：
①鄉村的自然環境。
②鄉村居民的生活。
③鄉居的快樂。
④鄉村最可愛的地方。

四、詞語提供：
①山明水秀　②花香撲鼻
③綠草如茵　④詩情畫意
⑥刻苦耐勞　⑦日出而作
⑧日入而息　⑨和平寧靜
⑤芬芳　⑩依戀

15

《新標準作文5》小學三年級上學期

❋ 出版：教育出版社有限公司
❋ 版次：1968年

離島

香港面積細小，意想不到地是由多達二百六十三個島嶼構成。這篇六十年代的課文就介紹了離島中人口較多的地方。今時今日，離島由以往交通不便到現在有汽車從市區直達大嶼山和大澳，鴨脷洲更會有鐵路貫通，長洲的居住人口也非常之多。過去和今天的最大分別，應該是離島漁民數量大減，取而代之就是中外旅客都喜歡來到離島遊玩，每逢假期更有人滿之患的情況出現。

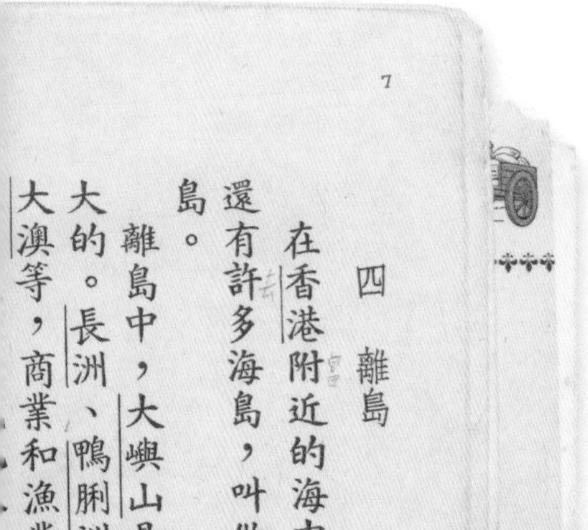

四　離島

在香港附近的海中，還有許多海島，叫做離島。

離島中，大嶼山是最大的。長洲、鴨脷洲和大澳等，商業和漁業都

長洲

7

《社會》小學二年級下學期

❋ 出版：現代教育研究社有限公司
❋ 版次：1961 年 1 月初版
❋ 定價：每冊九角

掛畫中的
香港

老師上課，除了用課本，教學掛畫很多時也會派上用場。當年沒有PPT，老師們就將掛畫掛在黑板上，透過更大面積的畫面，讓學童對教授內容有更深認識。

這兩張一九六五年英人繪製的香港社會面貌教學掛畫，用色厚實，帶有西洋油畫感覺，內容也十分細緻。特別之處是整張掛畫文字欠奉，與傳統本地出版，佈滿文字註解的教學掛畫的演繹方式很不一樣，這個為老師和學生都帶來更多教與學的空間。

我們的舊課本

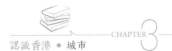

PICTURES FOR JUNIOR ENGLISH - No. 4

JUNIOR 3 (a set of 3) EDUCATION DEPARTMENT, HONG KONG

大雅科學 2下

樣本

香港的市花

市花的出現源於六十年代，有議員提出選取市花，以宣傳香港海外形象；原產於香港的洋紫荊擊敗十多個候選花品，脫穎而出，於一九六五年正式成為香港市花。九七回歸後，洋紫荊更升格為香港區徽，此後生產的硬幣，都印上市花圖案。

洋紫荊和宮粉羊蹄甲的分別：
1. 洋紫荊的花紫紅色。
　宮粉羊蹄甲的花粉紅色。
2. 洋紫荊開花後不結果實。
　宮粉羊蹄甲開花後結果實。

要內容

樹，繁密的枝條，向
下垂。
裂開，像心形。每年
開花，花有香味，紫
斑紋，一九六五年，
。

家洋紫荊和宮粉羊蹄甲的生長情形。

色，分別洋紫荊還是宮粉羊蹄甲。
又有結果實的，分別洋紫荊還是宮

15

4. 香港的市花

想想看：有些城市，會選出一種花做市花，你知道嗎？

科學研究

1. 什麼花是香港的市花？
2. 它的樹形怎樣？
3. 它的葉片形狀怎樣？
4. 它在什麼時候開花？
5. 它的花是什麼顏色？
6. 它和宮粉羊蹄甲有什麼相似和不同？

宮粉羊蹄甲的花　宮粉

洋紫荊的葉——狀似
心形，前端裂開。

洋紫荊的樹形——枝條繁密，
向四處伸展或下垂。

洋紫荊的花——紫紅
色，帶有深色斑紋，
每年十一月至下年三
月開花。

洋紫荊
四方八面伸
它的葉
十一月至下年
紅色和帶有
被選為香港

活動

一、觀察：到

二、分辨：

1.

2.

14

《大雅科學》小學二年級下學期

❋ 出版：大雅圖書公司
❋ 版次：1984年初版

8

香港大會堂

作為本港地標之一，大會堂一直在各式各樣的舊課本中維持着非常高的曝光率。更難得是，很多舊課本中出現的建築物早已消失，大會堂卻能夠保存至今，且外貌沒有多變。在這本 *Economic Affairs For Hong Kong* 的封面上，大會堂掛上了「香港節」的燈飾，香港節是港英政府在六七暴動後舉辦的大型活動，後人多說其作用為粉飾太平。

The girl goes to the market with her mother every morning.
They go to the market to buy vegetable.
22

This is the City-Hall.
The children are going to the City-Hall.
23

New Method Picture Book For Children 8

❊ 出版：New Method Publishing Co.
❊ 版次：1970年代版本

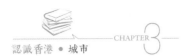

The New English Course For Hong Kong
Workbook 1A-2

※ 出版：Ling Kee Publishing Co.
※ 版次：1970年

Economic Affairs For Hong Kong

※ 出版：Chiu Ming Publishing Co., ltd
※ 版次：1972年9月初版

中環街市

這篇一九六一年的「市場」課文，畫有第三代中環街市的插圖。中環街市的歷史可追溯到一九三九年，於日治時期曾改稱為「中央市場」（書中插圖也見「中央市場」四字）。其建築風格是德國包浩斯實用主義。筆者小時候也常出入該地，印象中街市內的行人通道與樓梯都非常寬闊，方便小販搬運貨物，這跟書內插圖十分一致。

這所昔日的街市，確實盛載着不少市民的回憶，更獲古蹟諮詢委員會評定為三級歷史建築物。可惜二〇〇三年以來，一直空置至今（二〇一六年）。這兒位處市中心重要位置，應該好好運用。

十三 市場

市場是擺賣蔬菜、魚肉和雞鴨的地方。擺賣的人，領有政府的牌照，政府也派人檢查地方和物品的清潔。香港分區設立市場，我們到市場去買食物，是很方便的。

28

《社會》小學二年級下學期

※ 出版：現代教育研究社有限公司
※ 版次：1961年1月初版
※ 定價：每冊九角

中環街市近況（攝於二〇一六年初）

另一課文清楚展示了七十年代中環街市的原有面貌：在還未興建恒生銀行總行之前，街市上層仍未有行人天橋連接對面。中環街市一直為區內市民提供共日常生活所需，扮演着非常重要的角色。

市場

24

《常識》第三冊

※ 出版：教育出版社有限公司
※ 版次：1978年修訂版

位於聯合道的中華電力有限公司老虎岩變電站。（攝於二〇一六年初）

10

樂富與老虎岩

在這本一九七四年的社會課本的封面上，見到一幅地下鐵路月台的構想圖，其中站名赫然是「老虎岩 LO FU NGAM」，你知道這是現在哪個港鐵站嗎？

話說本港第一條地下鐵路在一九七九年才分階段落成，據知早在鐵路籌建階段，已確認老虎岩為其中一個站口，然而，一九七三年政府重建老虎岩徙置區，並易名為樂富邨，至八十年代更改建成公共屋邨。地鐵公司也順應時勢，遂將該站稱為「樂富」。

如今，還採用「老虎岩」名字的建築物已不多見，其中中華電力有限公司位於聯合道的老虎岩變電站，是少數保留舊稱的建築物。

香港《社會》小學一年級下學期

※ 出版：香港文化服務社有限公司
※ 版次：1974年
※ 定價：每冊二元

我們的舊課本

宋王臺

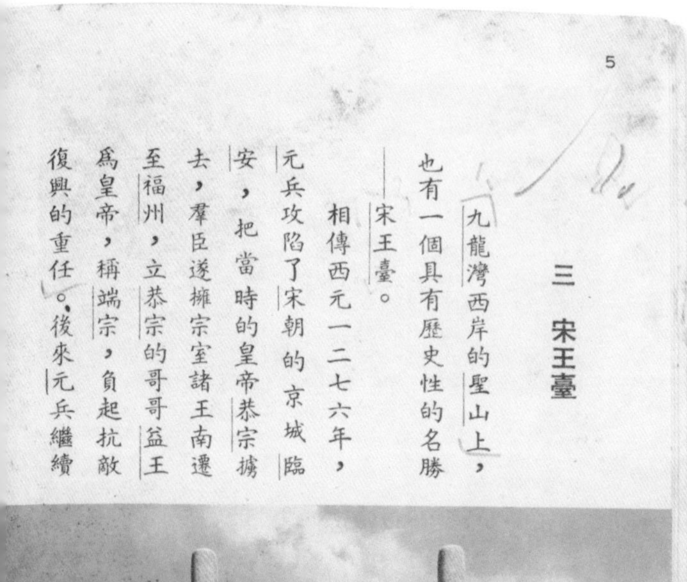

宋王臺公園

不論是宋帝昺，還是紀念他數百年前來港的「宋王臺」巨石，命運都是多災多難。如今的宋王臺公園已是戰後重建；課文上的圖片攝於六十年代，如今四週已被一幢幢的樓宇和天橋、馬路等包圍住。

三　宋王臺

九龍灣西岸的聖山上，也有一個具有歷史性的名勝——宋王臺。

相傳西元一二七六年，元兵攻陷了宋朝的京城臨安，把當時的皇帝恭宗擄去，羣臣送擁宗室諸王南遷至福州，立恭宗的哥哥益王為皇帝，稱端宗，負起抗敵復興的重任。後來元兵繼續

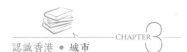

6

南下，他們被迫退到廣東來。有一次端宗兄弟二人曾到新安縣（即現在的寶安縣）的官富場（今九龍城附近）巡遊，百姓爲了紀念他們，就在那裏的一塊巨石上面，刻著「宋王臺」三個大字。五百年後，清朝嘉慶年間曾加以修建。

至日治時期，因擴大機場，已把這塊大石炸塌了。和平後，香港政府爲保存古蹟起見，在距原址不遠的地方，興建宋王臺公園，移石園內，以留紀念。

討論問題

一、宋王臺的原址在那裏？

二、宋王臺的名稱怎樣來的？

三、香港政府對宋王臺作了怎樣的處置？

《社會》新制小學三年級上學期

※ 出版：現代教育研究社有限公司
※ 版次：1965 年 7 月初版
※ 定價：每冊九角

12

銅鑼灣花園

銅鑼灣花園近況（攝於二〇一六年初）

這本英文課本封面上的公園，正是筆者童年時常去的遊樂場，其旁邊就是維多利亞公園。以往很多人誤會這是維園的一部分，其實這地方跟維園有一條天橋之隔，名為銅鑼灣花園。這個畫面展示了當年筆者最愛玩的遊戲設施，包括一枝枝獨立的花朵鐵架，也有形狀類似漢堡包的攀爬架等，這些消失了的遊樂設施真的教人非常懷念。

Ready To Read, Stage 1

※ 出版：Oxford University Press
※ 版次：1972年6月8版

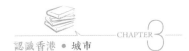

Ready to Read is a graded series presenting beginning students of English with stimulating, enjoyable reading passages and varied comprehension exercises based upon them.

READY

Oxford University Press
ISBN 0 19 581316 2

$ 10.00

昔日的電話
收音機和
電視機

13

把這批七十年代「文物」展示給現在的小朋友看，他們會知道那是甚麼嗎？

課文中展示了昔日的撥盤式電話，以前「打電話」會形容為「撥個輪」，就是指打電話時要轉撥電話上的號碼撥輪（見課文中的男孩示範）。文中還刊登了當時不同款式的電話亭照片。

收音機是七十年代非常重要的家庭電器，在電視機還未普及之前，電台節目幾乎佔據着每個人的生活和娛樂，只要手執一部收音機，即能透過電台

《幼稚園新常識》第二冊

✳ 出版：教育書店
✳ 版次：1972年6月修訂版

廣播知道天下事，除了在家中收聽，很多工作場所如工廠、車房也會播着不同電台節目。

七十年代，電視機逐漸普及。課文中展示了一九六八年落成，位於廣播道的麗的呼聲新電視大廈，以及無線電視的總部大樓。電視作為主要的大眾傳播媒體，影響力非常巨大，當年一家大細放工放學回家，一邊吃晚飯一邊追看電視節目的情景，仍然歷歷在目。

隨着互聯網出現，這些傳統媒體受到前所未有的衝擊，今天我們手上都拿着接通世界的電子器材，能夠隨時隨地按鍵選擇接收不同內容，跟以往單向的傳統媒體不能同日而語。

交通工具

舊課本可以視為研究昔日交通工具的絕佳途徑，只因
很多課文都會教授不同公共交通工具，圖文並茂，記
載了香港交通工具多年來的變化。

公共汽車

這一課「公共汽車」所指的就是巴士，當年仍有不少單層巴士；課文特別註明巴士也會來往「新界的繁盛鄉鎮」，側面反映當時的巴士路線仍是以市區為主。

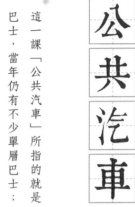

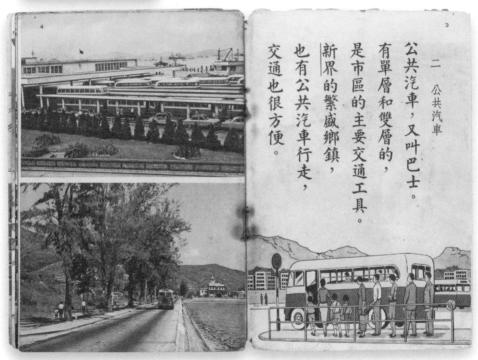

二　公共汽車

公共汽車，又叫巴士。

有單層和雙層的，是市區的主要交通工具。

新界的繁盛鄉鎮，也有公共汽車行走，交通也很方便。

新標準《社會》小學二年級上學期

※ 出版：現代教育研究社有限公司
※ 版次：1968年
※ 定價：每冊一元

平面方角巴士

在「守秩序」這一課中，見到一輛鬆上紅色的平面方角巴士，外號「平頂寶」。筆者對這款巴士甚有印象，一是因為其四四方方的外表，二是記得它的車窗頗高，兒時坐在裏面，幾乎看不到街景。至於車身前方的標誌，貼有「乘客上車 請給車資」的投幣標誌，表示這輛巴士是一人操作模式，取代車上售票的安排。

幼稚園《常識》第三冊

❋ 出版：僑光書店
❋ 版次：1982年3月修訂版

另一課「斑馬線」，固然是教導小朋友交通安全，但圖片上那俗稱「烏嘴狗」的丹拿 CVG5 型雙層巴士應更為吸睛。留意車長的駕駛艙獨立於乘客車廂，與今天只有一扇小門之隔的駕駛座大為不同。

八　斑馬線

我們要橫過馬路，
先要停在行人路旁；
看清楚兩邊，
都沒有車子駛近了，
才從斑馬線上走過。

守秩序

新標準《社會》小學二年級上學期

❋ 出版：現代教育研究社有限公司
❋ 版次：1968 年
❋ 定價：每冊一元

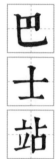

16

巴士站

傳真版

社會

二年級上學期

③

教育出版社有限公司印行

在這一課「公共汽車」中，除了介紹巴士，還有小型巴士（即小巴）和通稱「的士」的計程汽車。然而這一課亮點應是左頁各個巴士總站的模樣。文中分別介紹了八個巴士總站，全部都是位處碼頭，足見早期巴士承擔着渡輪接駁服務的任務，事實上，在地下鐵路仍未開通、紅磡海底隧道還未通車的時候，乘船過海然後轉乘巴士是最方便的交通路徑了。

圖中很多巴士總站都不復存在：統一碼頭巴士總站現在成了四季酒店的位置；佐頓道碼頭巴士總站，其對出海岸已經填海，現在附近為柯士甸港鐵站；北角碼頭巴士總站亦於二〇一六年五月正式停用。

我們的舊課本

第四課 公共汽車

觀察

九龍天星碼頭巴士總站

佐頓道碼頭巴士總站

紅磡碼頭巴士總站

北角碼頭巴士總站

九龍城碼頭巴士總站

統一碼頭巴士總站

天星碼頭的計程車站

灣仔碼頭小巴士總站

教材

公共汽車又叫
「巴士」，有單層
和雙層兩種，行走
市區和郊區，是本
港的主要交通工
具。此外，還有小
型巴士。

計程汽車通稱
「的士」，也是市區
的重要交通工具。

活動

認識行駛市區和郊區常
的三種陸上公共交通工具。

傳真版《社會3》小學二年級上學期

❋ 出版：教育出版社有限公司
❋ 版次：1972年

17

車 船

船

這兩篇幼稚園課文，以圖片方式一次過介紹多種交通工具。

先說車，有舊式救火車、救護車，也有十四座紅色小巴、「Benz型」的士以及九龍巴士公司的 AEC Regent V型號巴士，俗稱「大水牛」。除了在馬路上行駛的車輛，在路軌上行駛的火車也納入這課文之內。

船方面，種類也是包羅萬有，從小型的舢舨、舊式帆船、汽車渡海小輪、大型遊輪，甚至軍艦都有。六七十年代，確是常有軍艦短暫停泊維港，以作補給。

幼稚園《常識》第三冊
※ 出版：僑光書店
※ 版次：1982年3月修訂版

《幼稚園新常識》第二冊
※ 出版：教育書店
※ 版次：1972年6月修訂版

我們的舊課本

車

幼稚園新課本

常　識

渡海輪

18

渡海船

十五　渡海船

九龍到香港
要坐渡海船
香港去九龍
也要坐渡海船
渡船九
龍到坐

簡單的課文，卻見證一個時代的面貌。

海底隧道還未通車之前，來往香港島和九龍之間的主要交通工具當然就是渡海小輪。插圖中見到中環天星碼頭的鐘樓，也有前文提及過的香港大會堂，這些都是當年不可取代的建築地標。

封面已缺

❋ 出版：教育出版社有限公司
❋ 版次：約七十年代

我們的舊課本

另一課標題為「船長和水手」，主要講述他們的工作以及如何確保乘客安全；兩篇課文所展示的渡輪都是以天星小輪作藍本。天星小輪一直是維多利亞港上的標誌，百多年來經歷無數風浪，見證香港起跌；筆者經常乘搭來往中環至尖沙嘴的航線，除了欣賞維港兩岸景致，船隻本身也極具觀賞價值，當中不少渡輪都有數十年歷史，船公司透過定期保養和更新設備，讓她們繼續為大家服務。

十八　船長和水手

船長
駛船靠碼頭
水手
繫緊船纜後
吊橋放下妥當了

搭客纜可上碼頭
船長水手和搭客
大家都要合作
纜能收到安全
繞能收到安全
快捷的功效

香港《社會》小學一年級下學期

❋ 出版：香港文化服務社有限公司
❋ 版次：1974 年 12 月初版
❋ 定價：每冊二元

19

渡海小輪

一九七二年海底隧道通車，一九七九至八零年地下鐵路陸續啟用，渡海小輪服務遞漸漸被陸上交通工具取代。在載客量減少的情況下，航線也續年縮減。隨着各區的填海工程，海岸線不斷伸展，更多的碼頭原址遭逢填海或重建的命運，淹沒於歷史中。

現在香港還有油蘇地小輪提供汽車渡輪服務，唯服務對象只是運載危險品的車輛。及至二〇一六年五月，香港小輪集團轄下的洋紫荊港遊公司推出「懷舊汽車渡輪遊」，開辦數班次往來北角與觀塘的汽車渡輪海上旅遊班次，讓普羅大眾再續當年情。

小時候筆者家住離島，小學時期已經每天乘搭來往中環至長洲的航線到港島區上學。另一印象深刻的是乘搭由中環前往佐頓道碼頭的汽車渡輪，開航後我常常走落運載汽車的甲板上，邊吹海風邊欣賞維港兩岸的風光，偶爾在船上來一個簡單的餐蛋麵，對當時的我來說已是人間美食，相信不少港人也有這種回憶。

早前筆者到馬來西亞檳城旅遊，竟然發現該處還有汽車渡輪服務，來往喬治敦（George Town）與北海（Butterworth）對岸，我當然二話不說走到碼頭去，乘搭久違了的汽車渡輪。

我們的舊課本

第七課　渡海小輪

觀察

天星渡海小輪

油蔴地公司的客輪

雙層汽車渡海輪

客車兩用渡海輪

九龍天星碼頭

深水埗碼頭

九龍天星碼頭

紅磡碼頭

佐頓道碼頭

九龍城碼頭

觀塘碼頭

北角碼頭

統一碼頭

灣仔碼頭

香港天星碼頭

西環碼頭

教材

　　香港和九龍，隔着一個海港，市民來往兩地，可乘坐渡海小輪。
　　渡海小輪載運乘客、貨物和汽車。港內航線很多，班次很密。港外的離島，也有小輪來往。

活動

　認識港內的渡海小輪碼頭。

社會

傳真版《社會3》小學二年級上學期

❋ 出版：教育出版社有限公司
❋ 版次：1972年

20

火車

香港早年的鐵路服務都是採用蒸汽火車頭，至上世紀五十年代末六十年代初，開始引進新型的柴油機車。課文中所見的編號57號柴油機車，正是那時候引進，其好處是節省燃料，馬力大。一九六二年，所有蒸汽火車頭正式停用。

課文中另一頁展示了尖沙嘴鐘樓和尖沙嘴火車總站的一部分，其啟用日期為

一九一六年。這裏原屬九廣鐵路英段的總站，一九七五年還至紅磡後便遭拆卸。我對鐘樓最深印象的一幕是已故藝人盧大偉當年在電視直播節目中表演魔術，將整個鐘樓變走，當時年紀小的我覺得非常震撼。當然盧大偉沒有把鐘樓弄走，今天鐘樓還在，鄰近則改建為香港文化中心。

六 火 車

火車也在鐵軌上行駛，不過火車是遠程的，有載客和載貨的車廂。

我們的舊課本

每天來回行駛多次，對新界的居民很便利。

新標準《社會》小學二年級上學期

※ 出版：現代教育研究社有限公司
※ 版次：1968年
※ 定價：每冊一元

「葛量洪爵士號」經復修後，於二〇〇四年起在香港鐵路博物館作永久收藏及展覽。（攝於香港鐵路博物館，二〇一六年）

21

柴油電動機車：葛量洪爵士號

在這篇尺牘課文中，提到「葛量洪爵士號」，這在當時來說是一架既新穎又先進的火車頭，相比起蒸氣火車頭更為節省燃料，也比以前燒煤的火車頭更清潔。

「葛量洪爵士號」的火車編號為51號；它和52號火車同屬首兩架在香港使用的柴油電動機車；車身寫有港督葛量洪爵士及其夫人的名字，稱為「葛量洪爵士號」（亦有文獻直譯「亞歷山大爵士號」）及「慕蓮夫人號」。機車在澳洲製造，一九五五年運抵香港，並於同年九月五日在尖沙嘴火車站舉行盛大的命名儀式，這是香港首次有火車頭以人名命名。

「葛量洪爵士號」火車頭服務了市民廿八年，至一九八三年火車全線電氣化，它才不再牽引客運車卡，改為拖引維修車卡或貨卡。一九九七年正式退役。

我們的舊課本

10

五　報告旅行沙田情形——稟母親

母親：

上次給您的信，說我們要到沙田旅行，您是知道的了。

我們這一次到沙田去，坐的是鐵路局新用的「萬量洪號」機車①，樣子新型美觀②，尤其是沒有煤煙，比舊式機車好得多了。

車行不久，我們便到達沙田。那裏的情形，雖和從前差不多，可是現已增加了很多新的建築物和店戶人家③，看去另有一番新氣象，比以前父親和我同去遊覽④時，繁盛得多了。我們於下午四時平安返校，請不要掛念。

敬祝

安康！

敏兒　九月廿二日

註釋：

①萬量洪號車——用重油或汽油做燃料的內燃機車，因爲不燒煤，所以特別清潔，車廂裏的空氣也很清爽。

②新型美觀——樣式新而且好看。

③店戶人家——就是商店和住戶。

④遊覽——一邊走一邊觀看景物。

練習：

選一處以前遊過的地方，把那兒的情形，寫一封信寄給你的同學。

新標準《尺牘8》小學四年級下學期

✻ 出版：教育出版社有限公司
✻ 版次：1967 年 12 月初版
✻ 定價：每冊七角

22

電氣化火車

常說在舊課本中可以看到歷史的演變。

這篇七十年代末的幼稚園常識課文所介紹的「火車」，已由先前的柴油機車，變成第一代電氣化火車；火車站則由尖沙嘴火車總站，換上當年稱呼為「九龍車站」的紅磡火車站。

黃色的車頭、橙色的座位、封密式車箱設計配合冷氣調節，標誌着舒適整潔的火車體驗時代終於來臨。

《幼稚園常識》第二冊

❊ 出版：教育出版社有限公司
❊ 版次：1978年修訂版

幼稚園新課本《常識》第四冊

✳ 出版：僑光書店
✳ 版次：1982 年 11 月修訂版

地下鐵路的興建

這篇中國語文課文屬於一九七八年修訂版本，適逢第一階段地下鐵路快將通車，課文正好以「地下鐵路的興建」為主題。本篇內容主要講述某小店門前的街道，給重重木板阻隔，造成出入不便，營業情況也不大理想，這彷彿是近幾年土瓜灣商舖的寫照。令我嘖嘖稱奇的是文章中店主不但沒有埋怨生意受到影響，而且還以一個非常支持的態度對待，莫非店主是物業業主，期待地下鐵路通車後物業會升值？姑勿論如何，文章內容也說明了集

九 地下鐵路的興建

凱青姊：

你的來信收到了。你對小店的業務，這樣關注，使我很感安慰。

不錯，店子門前的街道，給重重木板阻隔着，出入不便，營業情況自然不大理想。不過，這是由於興建「地下鐵路」，施工期間一個暫時性的現象吧！待一切恢復正常後，對本港一切難免克隔離，但，摩托士

上學和街道上人車阻塞的情形，總逃記得吧？現在，這種情形更越來越嚴重了。根據當局調查，發現市民當用交通工具，無年俱增。而現有的交通服務，包括車輛和道路，隨已不敷應用。所以，當局擬訂「集體運輸系統」計劃，興建貫通港、九的「地下鐵」，提供可以大量載客，而又安全快捷的公共交通、適應需要。

這項重大的計劃，無論對港、九交通、市民生活和工商業、郵育極大的貢獻。將來，工程一旦完成，交通情況將全面改善、工商業也將更繁榮了。

所以，我對目前的損失，不但毫不介意，反而十分支持當局這個計劃的進行哩！請你放心好了。順祝

進步

三叔　月　日

詞語：業務　關注　營業　地下鐵路　現象　隔離　嚴重　當局　不敷應用　改善

句式：「工程一旦完成，交通情況將全面改善，工商業也將更繁榮了。」

討論問題：
① 地下鐵路和港、九市民的關係怎樣？
② 市民對地下鐵路施工期間引致的不便，應抱甚麼態度？

24

25

香港教育司署新訂課程《中國語文》
小學六年級下冊

※ 出版：模範出版事業有公司
※ 版次：1978年1月修訂版
※ 定價：每冊二元八角

地下鐵路

體運輸系統的重要性、道路不
敷應用的現況等等，讓學生們
了解興建地下鐵路的源由。

另一篇幼稚園課文則拍下了早
期地鐵站內及月台情況，那種
舊式的售票機的確令人懷念。

幼稚園新課本《常識》第四冊

※ 出版：僑光書店
※ 版次：1982 年 11 月修訂版

電車

電車可以說是香港最有特色的交通工具之一，香港電車在一九○四年投入服務，歷史悠久，亦是世界少數地區使用的雙層電車系統。香港人俗稱電車為「叮叮」，源於電車開行或警示的鈴聲。

電車站之間途程不長，方便市民作短途目的地的來往，另外其收費便宜，所以一直是港島區市民的重要交通工具。電車路穿梭港島各區鬧市中心，理所當然成為外地旅客觀光節目之一。

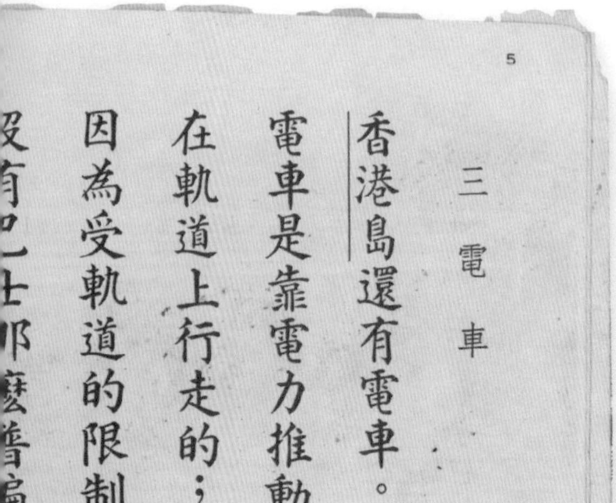

5

三 電車

香港島還有電車。
電車是靠電力推動，
在軌道上行走的；
因為受軌道的限制，
沒有的士那麼普遍。

北角
銅鑼灣
筲箕灣

我們的舊課本

新標準《社會》小學二年級上學期

✳ 出版：現代教育研究社有限公司
✳ 版次：1968年
✳ 定價：每冊一元

25

纜車

一八八二年，香港政府頒佈《建築車路條例》，提議了六段電車路線。其中五段即是今日的電車系統，其餘一段則為山頂纜車路線。然而，由於當時英國人主要居住在太平山山頂區，故那時候的財團只對山頂纜車有興趣。山頂纜車早於一八八五年動工，並於一八八八年通車，相反港島北的沿海電車系統當時仍是無人問津。

課文中的綠色車廂纜車由英國 Metal Sections 製造，使用架空電纜系統運作，已經於八十年代退役，並存放在山頂廣場戶外作展覽用途。右頁圖中的是第三代纜車總站，位處花園道，這建築物於八十年代重建為現時第四代聖約翰大廈。

9

五 纜 車

我們要登太平山，
最好乘坐纜車；
纜車是用鋼纜
立功車項

PEAK TRAM

我們的舊課本

新標準《社會》小學二年級上學期

❊ 出版：現代教育研究社有限公司
❊ 版次：1968年
❊ 定價：每冊一元

啓德機場

提過「海」「陸」，怎能沒有「空」呢？筆者對飛機型號所知不多，但對啟德機場卻是甚有感情。

我於一九九七年前往英國升學，在回歸前的最後一夜來到啟德機場，乘搭離開香港的航班，當時真的是百感交雜。一九九八年七月六日，啟德機場關閉，同一個晚上赤鱲角新機場啟用。當我再次踏足這片土地時，飛機已經在赤鱲角降落。

啟德機場

幼稚園新課本《常識》第四冊

※ 出版：僑光書店
※ 版次：1982年11月修訂版

我們的舊課本

登機櫃位

這一課文主題是 "At the Airport"，內容講述兩位主角在啟德機場的航空公司登機櫃枱相遇。

啟德機場位處九龍城，一條行人隧道之隔就是九龍城心臟地帶。當年辦理登機手續之後，多會走到九龍城用膳，過後才返回機場登機。機場還在九龍城的時候，頭頂上常出現低飛航機準備降落，伴隨而來的引擎聲音確實非常吵耳。如果在天台觀看的話，就像可以親手觸摸飛機一樣，這是機場還往赤鱲角之後不能再有的集體回憶。

At the Airport

CATHAY PACIFIC

Mary: Aren't you excited, Tony?

Tony: Yes, I am. I've never been in an aeroplane before.

Mary: How long is the flight?

Tony: I arrive in Tokyo at six o'clock, so it's a four-hour journey.

Mary: Will someone meet you at the airport?

Tony: Yes, but I must go through Immigration and Customs on my own.

Mary: I expect a stewardess will help you. I want to be a stewardess when I leave school.

Tony: I want to be a pilot – the captain of a jet liner!

Mary: Well, you're only a passenger now. And if you don't check in now, you won't be that!

73

Talking in Englsih 2

❋ 出版：Longman Group ltd.

❋ 版次：1973年15版

各行各業

香港能走到今天，全賴大家在不同的工作崗位盡心盡
力，做好本分，貢獻自己。當中好些行業到今天仍然
存在，也有些工種已經息微。

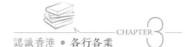

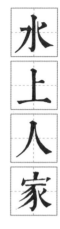

水上人家

筆者在長洲長大，童年時經常接觸漁民，所以這行業對於我來說一點也不陌生。放在今天這個環境，油價上升、休漁期等不利因素，令捕魚業的經營越來越困難。漁民的下一代大多轉型上岸，從事其他種類的工作，只有少數漁民繼續維持本業發展。

很多漁民住在陸上的房子

還有些漁民把首船移到岸上居住

香港仔漁村

大埔吐露港漁村

大埔元洲仔漁村

漁民的生活情形

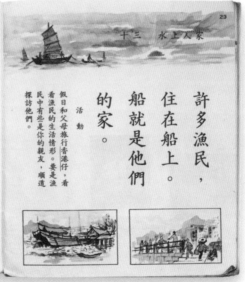

十三 水上人家

許多漁民，住在船上。船就是他們的家。

活動

假日和父母旅行香港仔，看看漁民的生活情形。要是漁民中有些是你的親友，順道探訪他們。

新編《現代社會》小學一年級上學期

※ 出版：現代教育研究社有限公司
※ 版次：1974 年 7 月初版

29

各人的爸爸都有工作

時為七十年代，本課文的背景，向小一生展示了當時父親們不同的工作。從課文左頁見到共有多達十五項的職業，當中有「在工廠的」、「在商行的」，甚至「自由職業」。大部分行業至今仍然有很多爸爸在做（除了「在農場」的農夫可能已經比較少了）。

同一本課文內並沒有特別提到媽媽的工作。當時媽媽的角色主要還是描繪成在家打理家頭細務或照顧子女，但其實六七十年代很多女性已經要到工廠工作，甚至拿一些粗活回家做；今天，「雙職父母」的情況更是十分普遍了，在不同領域的崗位都能見到女性的參與；當媽媽也要外出工作時，照顧子女的任務就留給外傭或家中長輩了。這也側面反映了香港物價指數不斷攀升，家庭日常開支的負擔越來越重了。

各人的爸爸，都有自己的工作。對社會都有幫助。

作

活動

爸爸在工作

爸爸出門

新編《現代社會》小學一年級上學期

※ 出版：現代教育研究社有限公司
※ 版次：1974 年 7 月初版

30

農人的家

這課文主題是「農人的家」。鄉下的意思主要是說新界，當然有時候亦指內地的故鄉，因為不少香港居民是早期從大陸逃難到香港，所以會有不少親友還是生活在原來的地方。課文另一個特別之處是：說說你親友中誰是農人。這個多少可以反映出七十年代農民的普遍性，每個家族總有親友是在新界耕田，又或者是養豬或養雞鴨，相比起今天的香港，這些都變成了非主流的行業吧。

農人住在鄉下，

耕田種菜，

養豬也養雞鴨。

農人的家

21

些都是農具

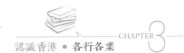

稻田

菜園

鄉村

耕田

果園

養豬

養雞

養鴨

活動

1. 說說你親友中誰是農人。

2. 說說曾探訪過的農家情形。

3. 說說為甚麼很多農人養豬和養雞鴨。

新編《現代社會》小學一年級上學期

❋ 出版：現代教育研究社有限公司
❋ 版次：1974 年 7 月初版

31

派報紙的小朋友

從這課一九七一年的課文中，可以看到童工的故事，這也是當年的現實寫照。

在童工還沒有立例禁止的年代，小朋友出來工作幫補家計，又或者一家大小在家中幫忙穿膠花等，都是十分常見的事情。課文對這位小朋友努力工作也予以肯定：「年紀這麼小，便會自己謀生，真了不起。」可見當時的價值觀跟今日大有不同。留意插圖背景出現了一家戲院，不知當時是參照哪家戲院畫出來呢？

十二　派報紙的小朋友

大清早，我給一陣門鈴聲驚醒，走去開門，門外站着一個小朋友，手中拿着一叠報紙。他把一份報紙交給我，就匆匆走了。走到街上，他又高聲叫喊：「報紙，報紙！」

這位小朋友，年紀這麼小，便會自己謀生，真了不起。

派	叠	匆	喊	紀	謀

20

新標準《國語》小學二年級下學期

❋ 出版：教育出版社有限公司
❋ 版次：1971年

手工業家庭

小販的家庭

香港輕工業在六七十年代開始高速發展，人手極度渴求，除了在各大工業區的工廠大廈內上班的工人，也有為數不少的簡單工序，能夠讓人帶回家裏進行加工，這種家庭式工場可以彈性地配合主婦的家務時間，另外就是方便全家總動員一起參與當中的工作——放學後孩子回到家也需要幫忙。這種家庭式工場，養活了不少基層家庭，是香港輕工業正在起飛的時代的典型寫照。

課文左頁則講述了另一個家庭：小販的家庭。

工業家庭

……看，此外還有甚麼手工業？

25

有些家庭，像個工場；一家大小，

我們的舊課本

十五　小販的家庭

明明的爸爸是小販，天天帶着貨物，出門去做買賣。

活動：說說小販做買賣的情形。

蔬菜檔

生果檔

他們是賣甚麼東西的？

布檔

花檔

這些是甚麼手工……

活動

1. 查查那些工業在家裏做的最多。

2. 參觀親友中的工業家庭。

《新編現代社會》小學一年級上學期

※ 出版：現代教育研究社有限公司
※ 版次：1974年7月初版

33

一位辛勤的小販

能夠從一九七八年的課本發現一課有關流動熟食小販的內容，正正反映小販這行業的普遍性。在還未「商場化」的年代，小販無疑是街上各式各樣商業交易的重要角色。筆者也有很多光顧這些比一般商店便宜的流動熟食小販檔的童年記憶。像課文中所描述的流動熟食小販，擺賣豬腸粉白粥，可以說是非常有特色的街上人文風景。

可是，售賣食物的小販很多時會帶來衛生問題，加上無牌經營下，時有「走鬼」情況出現，導致不少意外發生。七十年代起政府陸續停止發出新的小販牌照，其後更加強力道打擊無牌小販，小販行業終告息微，近年幾乎一檔難尋。

七　一位辛勤的小販

鄰家的全哥，是一位小販。他身裁健碩，年紀約二十歲，每天在街邊擺賣豬腸粉白粥為生。

全哥上有年老的雙親，下有年幼的弟弟，從小就跟隨父親在街邊做買

18

每天清早五點鐘，他就起床，到街市去買各種材料；回到家裏，他又得做一番準備工作，做妥了，才把盛滿豬腸粉白粥的小檔子，推到街上去。

許多趕着上班的人，都會到全哥的小檔子來吃東西，因為價錢廉宜，又省時間。生意忙的時候，他簡直應接不暇。

不過，遇上天氣惡劣，像刮大風啦，下大雨啦，全哥可就苦了！顧客少得可憐，他只有眼巴巴地看着食品沒法賣出；這樣，不但收入大打折扣，甚至還要蝕本。

他雖然會遭遇這種困難，但卻從不怨天尤人，更從不灰心，始終堅持下去。現在，他經過長時間的磨鍊，越來越堅強，對生活也越來越充滿信心了。

詞語：身裁健碩　雙親　獨力　擔子　小檔子　廉宜　應接不暇　眼巴巴地　大打折扣　甚至　蝕本　遭遇　怨天尤人　磨鍊

句式：①「身裁健碩的全哥，是一位小販。」
　　　②「遇上天氣惡劣，全哥可就苦了！」
　　　③「許多趕着上班的人，都到全哥的小檔子吃東西。」
　　　④「他經過長時間的磨鍊，越來越堅強了。」

19

香港教育司署新訂課程《中國語文》
小學六年級下冊

※ 出版：模範出版事業有公司
※ 版次：1978年1月修訂版
※ 定價：每冊二元八角

34

在工廠織布的姑父和姑母

香港的紡織業，從五十年代起得到長足發展，到了七十年代最高峰時期有過萬間工廠，以及數以十萬計的從業人員，絕對是舉足輕重的產業。當年家父也曾經在荃灣的紡織廠工作，而且是當夜間，經常通宵。由於工廠廿四小時分三更不停運作，可想而知這行業實際養活了多少家庭，還負起香港經濟起飛的重任。

隨着八十年代工廠開始大量北移，留在本地的紡織廠，乃至不同類型的工廠都大幅減少，以往工廠區內日以計夜工作和所謂「工廠妹」的藍領工人，都不再是勞動階層的主流；昔日實而不華的工廠大廈，搖身一變也成為光鮮亮麗的玻璃幕牆甲乙級商廈。到了今天，真正還在本地進行生產工序的工廠，其數量真是大不如前了。

《社會》小學一年級上冊

※ 出版：香港文化事業有公司
※ 版次：1980年6月6版

我們的舊課本

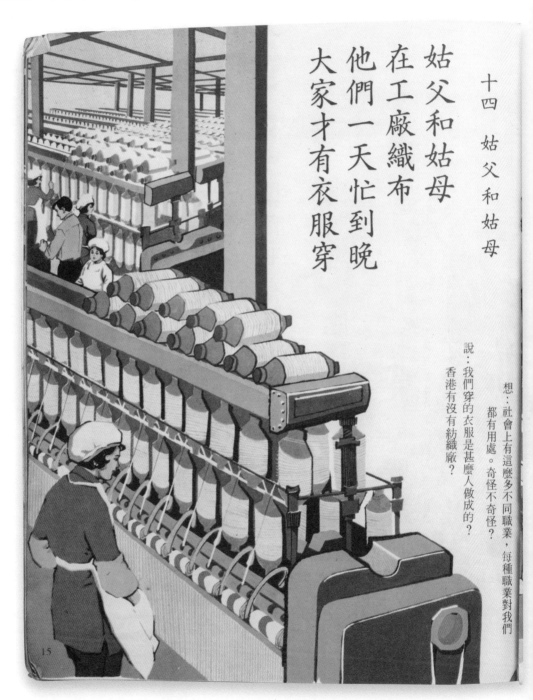

十四　姑父和姑母

姑父和姑母
在工廠織布
他們一天忙到晚
大家才有衣服穿

想：社會上有這麼多不同職業，每種職業對我們
都有用處。奇怪不奇怪？

說：我們穿的衣服是甚麼人做成的？
香港有沒有紡織廠？

35

清道夫

清道夫也是小學課本常會出現的行業，在《幼稚園常識》的課文中，「清道夫」三字再配上清晰的插圖，讓孩子立即明白清道夫的工作內容，而從中引申出「天天打掃」，更是培養了孩子保持地方清潔的意識。這正好呼應了《新標準社會》的小學課文：「但要保持街道清潔，紙屑和果皮，不要拋在地，應該放在廢物箱裏。」當年的黃色垃圾箱，都寫有大大的中文字「廢紙箱」的。

《幼稚園常識》第三冊

※ 出版：現代教育研究社有限公司
※ 版次：1962年
※ 定價：每冊九角

我們的舊課本

二十一　保持街道清潔

本港的街道，
每天都有人打掃，
但要保持街道清潔，
紙屑和果皮，
不要拋在地，
應該放在廢物箱裏。

《新標準社會》小學二年級上學期

❋ 出版：現代教育研究社有限公司
❋ 版次：1968年
❋ 定價：每冊一元

衛生督察

這兩課小一課文介紹了「衛生局人員」及「衛生督察」，他們的職責跟清道夫不同，主要是「把蚊蠅消滅」。其中一課特別之處在於內文寫有：「衛生督察來訪我家，指導我們清除擺揵」，可以看見七十年代的課本仍有採用「垃圾」的正統寫法「擺揵」。

衛生督察

二十一 衛生督察

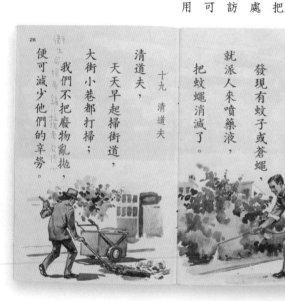

十八 衛生局人員

衛生局定期檢查清潔發現有蚊子或蒼蠅，就派人來噴藥液，把蚊蠅消滅了。

十九 清道夫

清道夫，
天天早起掃街道，
大街小巷都打掃；
我們不把廢物亂拋，
便可減少他們的辛勞。

新標準《現代社會》小學一年級下學期

※ 出版：現代教育研究社有限公司
※ 版次：1971年7月版
※ 定價：每冊一元二角

我們的舊課本

22

來訪我家

指導我們 清除攏撯

杜絕蚊蠅 清除攏撯

注重衛生 保持清雅

健康舒暢

早年在烏溪沙青年新村發現內裏的
廢紙箱用上「攏撯」二字，這樣的
寫法常見於六十年代。

香港《社會》小學一年級下學期

※ 出版：香港文化服務社有限公司出版
※ 版次：1974年12月初版
※ 定價：每冊二元

37

警察

警署

或許小孩子都知道警察是維持治安，但他們實際有何具體工作內容呢？小一的課文就列出了其中幾項：「指揮交通」、「捉拿強盜」，還有就是有他引導，「不怕迷途」。

較有趣的是幾個舊課本版本的插圖和配相，其中《香港社會》除了描繪了女警的模樣，還有水警的出現，至於《社會》中則有一輛「開放式設計」的警車，那警署不知是參照哪個建築物繪製？至於幼稚園版本的則用上了照片，其中那座警署是位於哪一區呢？

十六 警署

男女警察
工作辛勞
指揮交通
捉拿強盜
保護市民
貢獻良多
請他引導
不怕迷途

十二 警察

《香港社會》小學一年級下學期

❋ 出版：香港文化服務社有限公司
❋ 版次：1974 年 12 月初版
❋ 定價：每冊二元

我們的舊課本

警署屬下的警察，他們每天都替市民服務，負責巡視街道，維持秩序，是市民的良友。你知道附近的警署是在那裏嗎？

幼稚園新課本《常識》第三冊

❋ 出版：教育書店
❋ 版次：1974 年 12 月版

《社會》小學二年級下學期

❋ 出版：現代教育研究社有限公司
❋ 版次：1961 年 1 月初版
❋ 定價：每冊九角

38

消防員 救護員

小學一年級課本中描述紅色的救火車載着消防員來滅火，白色的救護車就有救護員來搶救生命，簡單以顏色區分不同崗位的救援人員和工作性質，令消防員和救護員都能在小朋友認知的世界建立起清晰的形象。

相比小學一年級，小學二年級課本再深入多一點描述消防員負責的工作，除了滅火之外也有其他檢查工作，另外還有不同工具介紹，例如滅火車和滅火船。

十四 消防員

27

紅色救火車
載著消防員
白色救護車
載著救護員
消防員

滅火 救人
不怕危險
救護員
裹傷 止血

香港《社會》小學一年級下學期

※ 出版：香港文化服務社有限公司
※ 版次：1974年12月初版
※ 定價：每冊二元

社會

香港

小學一年級下學期

我們的舊課本

33

十七　滅火局

滅火局負責救火和防火。備有滅火車，滅火船和救傷車。遇到火警，就派車輛和消防員去救火。

滅火局規定公共場所，要安裝滅火的設備，並時常派員去檢查。

《社會》小學二年級下學期

※ 出版：現代教育研究社有限公司
※ 版次：1961 年 1 月初版
※ 定價：每冊九角

39

消防局

課本右頁的消防局，正是舊中環消防總局，俗稱「水車館」。原設於皇后大道中與威靈頓街轉角處，一九二六年遷入上址；一九八二年，消防總局遷址，大樓遭拆卸，改建為現時的恒生銀行總行大廈。

現址為恒生銀行總行大廈。
（攝於二〇一六年初）

《幼稚園新課本常識》第三冊

✳ 出版：教育書店
✳ 版次：1974年12月版

我們的舊課本

38

37

十九　消防局

消防局是負責滅火和防火的。

火警發生了，派出救火車和消防員，把火災撲滅。

消防局還規定公共場所，要裝置防火設備，並時常派人檢查。

一九六八年版本的社會課本，於消防局一課展示了當時的九龍消防局，位於九龍尖沙嘴梳士巴利道與九龍公園徑交界，即現時1881的部分位置。建築物於一九二〇年建成，至七十年代前仍然運作。

現址為零售商店。（攝於二〇一六年初）

《社會》小學二年級上學期

※ 出版：現代教育研究社有限公司
※ 版次：1968年
※ 定價：每冊一元

醫生護士

這一本七十年代的課文，介紹了醫生、護士和牙醫三項職業；課文特別選用了飛行醫生的工作圖片，讓學童知道醫生不單在診所、醫院應診，更會乘搭直升機，前往偏遠地區為病人診症。

據知直升機醫療服務，是為荒僻而海陸交通不易到達的地方，提供緊急服務，其行程包括荔枝窩、二椏村、白沙澳、大浪西灣及榕樹凹等。課文圖片中，應為七十年代皇家香港輔助空軍HKG1，這架由法國生產的Aerospatiale Alouette III SA3160多用途直升機，能夠在海上降落，非常適合擔任偏遠地區的醫療服務。

二十 醫生和護士

醫生替市民治病，

護士照顧病人，

他們為大眾服務，

我們的舊課本

二十一　牙醫

換牙或牙齒有毛病，

要請牙醫醫治，

平日天天刷牙；

牙齒會減少毛病，

長得整齊。

28

新標準《現代社會》小學一年級下學期

❋ 出版：現代教育研究社有限公司
❋ 版次：1971 年 7 月版
❋ 定價：每冊一元二角

41

醫院

39

二十 醫 院

醫院是診治疾病
的地方。

我們生了病，
可到附近的醫院，
或醫局去診治。

公立醫院，
設備完善，
收費廉宜。

課文所展示的是位於九龍的伊利沙伯醫
院，於一九六三年啟用，當時由醫務衛
生署（後改稱衛生署）管理，由時任港督
柏立基爵士揭幕，以英女王伊利沙伯二
世命名，是當時設備最完善的公立醫院
之一，亦是九龍區規模最大的綜合性醫
院。

《社會》小學二年級上學期

❊ 出版：現代教育研究社有限公司
❊ 版次：1968年
❊ 定價：每冊一元

郵差 郵政局

本課文介紹了郵政局的運作模式以及信件的種類。插圖清楚表達了寄信的過程，令學童們清楚知道寄出信件要經過甚麼流程，才能送達收信人的手中。今天，寫信寄給親友的人還多嗎？

35

十八　郵政局

郵政局替人寄送郵件。無論平信、掛號信、航空信和包裹，送到郵政局後，便分別交給輪船、火車或飛機，轉寄到各地去。各地寄來的郵件，由郵差送到收信人的家裏。

你知道怎樣寄信嗎？

寄掛號信處　　寄包裹處

我們的舊課本

《社會》小學二年級下學期

❋ 出版：現代教育研究社有限公司
❋ 版次：1961年1月初版
❋ 定價：每冊九角

43

老師

老師從來都不是輕鬆的行業。在這課「我最敬愛的老師」中，就道出老師「關心我們的功課，更關心我們的生活」，從中可見當年的老師是如何全面關顧學生，插圖中更見到老師在深夜挑燈改功課的情況。

不同老師教授不同科目，其中體育老師的工作曾令天真的我十分羨慕——小時候總以為教授體育堂是一件輕鬆的優差，指導一下熱身運動，管理一下運動工具等就可以了。長大了才知道體育運動也是一個專門學科，是「要讀書」的科目，當中包括很多專門運動知識，一點也不簡單。

六、我們的體育老師

李先生是我們體育科的老師。他的個子很高大，精神飽滿，肌肉也挺結實的。

他的家距離學校約一里，只要時鐘走到七時四十分，便踏進學校的大門了。

李先生是田徑好手，又喜愛球類，籃球和乒乓球等課外活動，都是由他指導的。他不僅是一個運動家，對中國文學也很有研究和心得，同學們都很尊敬他。

14

詞語：精神飽滿　肌肉　距離　清晨　時鐘　田徑　好手　喜愛　課外活動

研究　心得　尊敬

句式：
①他的個子很高大，精神飽滿、肌肉也挺結實的。
②他的家距離學校約一里。
③李先生是田徑好手，又喜愛球類，籃球和乒乓球等課外活動，都是由他指導的。

討論和練習：
①在課文中，找出描寫李先生特徵的詞語。
②李先生對時間的觀念是怎樣的？
③把「他的家距離學校約一里。」擴張為另一個完整的句式。
④「李先生是田徑好手，又喜愛球類。」為什麼加上了一個「又」字。這和句子的組成有什麼關係？
⑤說出在課文中你最喜歡的句子。

《模範中國語文》小學二年級上冊

✱ 出版：模範出版事業有公司
✱ 版次：不詳
✱ 定價：每冊二元八角

模範中國語文

材修長，架着一副老花眼鏡，頭髮已經花白了。

洪先生上課的時候，講得有聲有色，引人入勝。碰到艱深的問題，他就深入淺出地，再三的解釋，直到每一個同學都明白為止。

他關心我們的功課，更關心我們的生活。誰有了過失，他不會嚴詞厲色地加以斥責，總是和顏悅色地給予勸告。他常常說：「要是你們不知自愛，那就不但辜負了家長的期望，我們做老師的，也對不起你們的家長了。」這話裏，蘊藏着洪先生一顆真摯的心。聽到這樣的話，誰還好意思不努力上進呢？當我犯了錯誤的時候，洪先生這些話好像又在我的耳邊響起來，成為鞭策我努力改過的無窮的力量了。

— 10 —

〔仿作文示意圖〕

〔練習〕

一、從範文裏找出下列詞語的反義詞語：

〔閱讀指導〕

一、文體：記敍文。
二、段落：第一段，寫老師的姓名、外形特徵；第二段，記老師對待工作的認真、負責；第三段，敍述老師對學生的苦心教導。
三、主題：記述一位可敬的老師的事蹟。

— 11 —

出版者：教育出版社有限公司
　　　　荃灣德士古道左興工業中心14樓
總發行：育　才　書　店
　　　　荃灣德士古道左興工業中心14樓

新標準《作文7》小學四年級上學期

※ 出版：教育出版社有限公司
※ 版次：1968年

44

校車司機 工友

職業無分貴賤，課文內容描述了校園內不同工作職位，令學生們了解身邊的人物，亦令他們知道生活裏有各式各樣的人，負責不同的崗位，才能夠使一個社會甚至世界運作。

八　校車司機黃明

黃明是我們的校車司機，年紀才三十多歲，是一個很壯健的人。

我天天上學和放學，都是乘搭黃明駕駛的校車。他的工作態度很好，必把車子停好，才給我們上車和下車。他常常對人說：「我天天接送小孩上學和放學，使他們能準時到校，準時回家。我很愛這份工作呢！」

生字：健乘搭駕駛態度接送準份

詞語：校車　司機　三十多歲　壯健　乘搭　駕駛
　　　態度　停好　下車　接送　準時　這份工作

句式：黃明是我們的校車司機，年紀才三十多歲，是一個很壯健的人。

九　工友張媽

張媽是我校的工友。她在學校工作已十多年了，校園裏的花草和樹木，大都是她一手培植的。

每天早晚，她便到校園澆花，還把地上的青草，修剪得很整齊。

當她看見樹木長大，花兒開放，心裏便有說不出的快樂。

生字：培植　澆　修剪　整齊

詞語：張媽　工友　十多年　一手培植　澆花　修剪　整齊　說不出

句式：①張媽是我校的工友。
　　　②她在學校工作已十多年了，校園裏的花草和樹木，大都是她一手培植的。

15

《模範中國語文》小學二年級上冊

❋ 出版：模範出版事業有公司
❋ 版次：不詳
❋ 定價：每冊二元八角

45

最後一課

在免費「強迫教育」措施還未實行之前，兒童上學讀書的機會並非必然。在這篇一九六八年的課文中，就見到主人翁因為父親失業，無力再承擔其學費而被逼退學。

主人翁回憶自己未有珍惜上學的時光，更曾經認為學校是一所「監獄」，直至這最後一天，才後悔自己從前不用功。文章寫得極富感情，非常感人，相信不少學生讀過後，都會更加用心上課。

直至一九七一年九月，全港兒童均可接受免費小學教育。一九七八年，九年免費強迫教育的政策實行，所有兒童均能接受九年資助教育：即六年小學教育及三年中學教育。

第六課　最後一天的功課

【範　文】

今天我像往常一樣上學去，走的還是那條舊路，不過背着的書包似乎重了許多，腳步也好像沉重起來。我默默地追憶過去那段學校生活。可是從明天開始，我要失學了。因為父親失業，不能再負擔我的學費。

我走近了那所我一向看作監獄一般的學校，但是今天我對她卻感到特別親切，無限的留戀，看到那高聳的校門，我非常慚愧，低着頭走了進去；因為我過去實在太懶惰了，對不起老師們，白費了他們的心血。

16

答不出來，羞愧得無地自容。

下一節是算術。我從前總覺得算術枯燥無味，今天才發覺算術竟是這麼有趣。我後悔從前不用功，但是已經遲了。

今天各堂課我都特別用心傾聽，而且極感興趣，可惜無情的鐘聲響了，我不得不隨着大家走出校門。想到從明天起我再不能回來上課，我的心情頓然沉重起來。我好幾次回過頭來，望望高聳的校門，感到依依不捨。

【閱讀指導】

一、文體：記敍文。
二、段落：第一段記失學前的心情。第二段追述因過去無心向學而感到慚愧。第三、四段都是敍述課時的心理活動。第五段追離校時的痛苦和留戀。

17

新標準《作文12》小學六年級下學期

※ 出版：教育出版社有限公司
※ 版次：1968年

後記

從一張畢業合照說起

年前在香港文學館舉辦一次名為《熱情舊課本》的分享會，有幸得到在場的小思老師提點，她叮囑大家在香港教育歷史上，不能不提及和不要忘記陳子褒先生。陳子褒先生在香港早期教育佔有重要的歷史地位，他反對重男輕女的觀念，提出要給予女子教育的機會，並先後在澳門和香港創辦學校。他在一九○三年，招收女生入讀蒙學書塾，與男生同校上課，開創男女同校的先河。

分享會之後，我一直記着小思老師的話，並對陳子褒先生的過去產生了興趣。我知道陳子褒先生門下有一位女學生曾璧山，後者為紀念老師而創辦了崇蘭學校。一次偶然的機會，在我整理眾多收藏時，竟發現了崇蘭英文中學幼稚園的一張畢

時年七十多歲的曾璧山女士（圖右二），跟崇蘭英文中學幼稚園師生合照。

業照，相中更見到曾璧山女士的踪影。

曾璧山承接陳子褒的教育精神，於一九二三年創辦崇蘭學校，她多年來獻身教育，至一九六八年，年逾七旬的她才退任崇蘭校長的職務。在這張一九七五的年畢業照中，仍見到其踪影，足見她退而不休，一直心繫教育。其獻身教育的精神，也深深感染着崇蘭學生。當曾璧山於一九八六年辭世時，一群有心的崇蘭舊生與佛教香海蓮社發起籌辦曾璧山中學的活動，以紀念曾氏對香港教育的貢獻。曾璧山中學於一九九〇年九月正式開課，延續先師的教育理想，薪火相傳。可惜另一邊廂的崇蘭中學，在二〇一二年因收生不足而停辦。

我在眾多的舊課本裏，往往發現很多昔日的香港事物，也讀到很多教育者的心血在其中。本書談不上「香港百年舊課本簡史」，只是從個人喜好出發，將自己喜愛的課本跟大家分享，希望各位讀者能跟我一樣，透過舊課本中樸實的圖畫與文字，懷舊一番之餘，發掘更深的意義。

我們的舊課本

責任編輯：梁卓倫
裝幀設計： Viann Chan
排版：盧韋斯
印務：劉漢舉

編著　　劉智聰

出版　　非凡出版
　　　　　香港北角英皇道 499 號北角工業大廈 1 樓 B
　　　　　電話：（852）2137 2338　傳真：（852）2713 8202
　　　　　電子郵件：Info@chunghwabook.com.hk
　　　　　網址：http://www.chunghwabook.com.hk

發行　　香港聯合書刊物流有限公司
　　　　　香港新界大埔汀麗路 36 號　中華商務印刷大廈 3 字樓
　　　　　電話：（852）2150 2100
　　　　　傳真：（852）2407 3062
　　　　　電子郵件：info@suplogistics.com.hk

印刷　　中華商務彩色印刷有限公司
　　　　　香港大埔汀麗路 36 號中華商務印刷大廈

版次　　2016 年 7 月初版
　　　　　2018 年 6 月第 4 次印刷
　　　　　© 2016 2018 非凡出版

規格　　16 開（230mm × 168mm）

ISBN　　978-988-8420-33-9